学ぶ人は、変えてゆく人だ。

目《め》の前《まえ》にある問題《もんだい》はもちろん、

人生《じんせい》の問《と》いや、社会《しゃかい》の課題《かだい》を自《みずか》ら見《み》つけ、

挑《いど》み続《つづ》けるために、人《ひと》は学《まな》ぶ。

「学《まな》び」で、少《すこ》しずつ世界《せかい》は変《か》えてゆける。

いつでも、どこでも、誰《だれ》でも、

学《まな》ぶことができる世《よ》の中《なか》へ。

旺文《おうぶん》

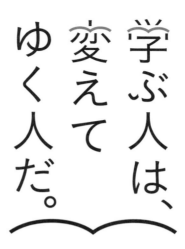

学校では
教えてくれない
大切なこと 30

音楽が
楽しくなる

マンガ・イラスト　関　和之（WADE）
監　修　亀田誠治

旺文社

はじめに

テストで100点《てん》を取《と》ったらうれしいですね。先生《せんせい》も家族《かぞく》もほめてくれます。

でも、世《よ》の中《なか》のできごとは学校《がっこう》でのテストとは違《ちが》って、正解《せいかい》が1つではなかったり、何《なに》が正解《せいかい》なのかが決《き》められないことが多《おお》いのです。

「私《わたし》はプレゼントには花《はな》が良《よ》いと思《おも》う」「ぼくは本《ほん》が良《よ》いと思《おも》う」。どちらが正《せい》解《かい》ですか。どちらも正解《せいかい》。そして、どちらも不正解《ふせいかい》という場合《ばあい》もありますね。

山登《やまのぼ》りで仲間《なかま》がケガをして動《うご》けない。こんなときは「動《うご》ける自分《じぶん》が方位磁石《ほういじしゃく》にしたがって下《お》りてみる」「自分《じぶん》もこのまま動《うご》かずに救助《きゅうじょ》を待《ま》つ」。どちらが正《せい》解《かい》でしょう。状況《じょうきょう》によって正解《せいかい》は変《か》わります。命《いのち》に関《かか》わることですから慎重《しんちょう》に判断《はんだん》しなくてはなりません。

このように、100点《てん》にもなり0点《てん》にもなりえる問題《もんだい》が日々《ひび》あふれているの

が世《よ》の中《なか》です。そこで自信《じしん》をもって生《い》きていくには、自分《じぶん》でとことん考《かんが》え、そのときの自分《じぶん》にとっての正解《せいかい》が何《なに》かを判断《はんだん》していく力《ちから》が必要《ひつよう》になります。

本《ほん》シリーズでは、自分《じぶん》のことや相手《あいて》のことを知《し》る大切《たいせつ》さと、世《よ》の中《なか》のさまざまな仕組《しく》みがマンガで楽《たの》しく描《えが》かれています。読《よ》み終《お》わったときには「考《かんが》えるって楽《たの》しい！」「わかるってうれしい！」と思《おも》えるようになっているでしょう。

本書《ほんしょ》のテーマは「音楽《おんがく》が楽《たの》しくなる」です。私《わたし》たちの身《み》の回《まわ》りには音楽《おんがく》があふれています。みなさんも、音楽《おんがく》の授業《じゅぎょう》や、おけいこごとなどで、日常的《にちじょうてき》に音《おん》楽《がく》とふれあっていると思《おも》います。実《じつ》は、音楽《おんがく》は、私《わたし》たちの生活《せいかつ》を豊《ゆた》かにしてくれるだけではなく、想像力《そうぞうりょく》やコミュニケーション力《りょく》など、将来《しょうらい》にわたって役立《やくだ》つ力《ちから》を身《み》につける重要《じゅうよう》な役割《やくわり》も果《は》たしているのです。

この本《ほん》を読《よ》んで、音楽《おんがく》の魅力《みりょく》や重要性《じゅうようせい》を知《し》り、自分《じぶん》の世界《せかい》や可能性《かのうせい》を広《ひろ》げていきましょう。

旺文社

もくじ

4章《しょう》 オリジナル曲《きょく》を作《つく》ってみよう

5章《しょう》 音楽《おんがく》を通《とお》して育《そだ》つ力《ちから》

スタッフ

●編集
廣瀬由衣

●編集協力
山本あゆみ
（有限会社　編集室ビーライン）

●装丁デザイン
木下春圭

●本文デザイン
木下春圭
菅野祥恵（株式会社ウエイド）

●装丁・本文イラスト
関 和之（株式会社ウエイド）

●校正
株式会社東京出版サービスセンター
株式会社ぷれす

●写真提供
アフロ

する仲《なか》間《ま》たち

番戸六郎《ばんどろくろう》

- ロックをこよなく愛《あい》する。
- 趣味《しゅみ》はエアギター。

理住天歩《りずむてんぽ》

- ちょっとおとなしい小学《しょうがく》３年生《ねんせい》。
- 音楽《おんがく》にはあまり興味《きょうみ》なし。
- 実《じつ》はかくれた
  才能《さいのう》が…？

亀《かめ》の音楽教室《おんがくきょうしつ》の先生《せんせい》たち

セージ校長《こうちょう》

- 音楽《おんがく》を愛《あい》するあまり，
  たまに話《はなし》が長《なが》い。
- いつも静《しず》かに登場《とうじょう》する。
- 涙《なみだ》もろいようだが
  実《じつ》は…。

カメノウズメ

- 美人講師《びじんこうし》。（ただし自称《じしょう》）
- 明《あか》るくおちゃめな性格《せいかく》。
- 実《じつ》はスゴ腕《うで》のピアニスト。

この本《ほん》に登《とう》場《じょ》

芽《め》呂《ろ》出《で》響《ひびき》

- 運動神経《うんどうしんけい》バツグン。
- ダンスが得意《とくい》。

蔵《くら》敷《しく》奏《かなで》

- ピアノが得意《とくい》な小学《しょうがく》３年生《ねんせい》。
- 怒《おこ》ると人《ひと》が変《か》わる。

指《さし》見《み》沢《ざわ》タイ子《こ》

- 打楽器《だがっき》の達人《たつじん》。
- 頼《たよ》りになる
お姉《ねえ》さん的《てき》な存在《そんざい》。

尖《とがり》川《がわ》ウニ男《お》

- 管楽器《かんがっき》の達人《たつじん》。
- 見《み》た目《め》はとがっているが
意外《いがい》と繊細《せんさい》。

アー
アー
ザザァン…
だからさー…バンド！
バンド組《く》んでロックしようって話《はなし》をしてんのさ、オレは。
やらないよバンドなんて…。
ボクは音楽《おんがく》に興味《きょうみ》ないもの。
理住天歩《りずむてんぽ》
小学3年生《しょうがくねんせい》
やったら興味《きょうみ》がわくかもしれないだろ～？
もっとこう…ロックに生《い》きようぜ～っ。
番戸六郎《ばんどろくろう》
天歩《てんぽ》のクラスメイト
ロックって何《なに》さ？
キリッ
そりゃおめぇ…音楽的《おんがくてき》な…何《なに》かだろ？
たぶん…
ほらーっ！ロクローだってよくわかってないじゃん！
たぶんとか言《い》っちゃって！
そんなものに幼《おさな》なじみのボクをさそおうってのか！
う…

ロックじゃ
ねえなあ!
天歩《てんぽ》は!
はーヤダヤダ…
だから
ロックって
何《なん》なのさ!?
ロックロックロック
ロック…!
ん…?
なんか音《おと》
しねえか?
ズズズズ…
す…
する…!
ゴゴ
ゴゴゴ…
海《うみ》のほうからだ…!
だんだん
近《ちか》づいて
くるような…。
ゴゴゴゴゴゴゴ
ザパァ…
トプン…
ドドッ
パァァァ

カ…カメ…!
チャプゥ…
アー
アー
…の潜水艦《せんすいかん》!?
お二人《ふたり》さん!
話《はなし》は聞《き》かせてもらったぞよ!
要《よう》するにバンドを組《く》んでビッグになろう!ってことぢゃな!?
ギギギィ…
そういうことならこの「亀《かめ》の音楽教室《おんがくきょうしつ》」美人講師《びじんこうし》!
カメノウズメがぁどどんと面倒《めんどう》みてやるのぢゃ!
ド
ドーン
カメノウズメ
音楽《おんがく》講師《こうし》
やったぜ!ベイビー!
パアン
ファサァ…

やったぁ！
クワッ
やってない！
ちゃんと話聞《はなしき》いてた⁉
バンドもやりたくないし、音楽《おんがく》に興味《きょうみ》もないって言《い》ったの、ボクは！
プリィィィ
なんでキレてんので？
ありゃ？
ノリと勢《いきお》いで何《なん》とかなると思《おも》ったんぢゃけど～…。
ノッてこないかー…
ス…
そううまくはいかなかったようですね。
校長《こうちょう》！
私《わたし》から説明《せつめい》しましょう。
バン
セージ
音楽教室校長《おんがくきょうしつこうちょう》
いいですか？人間《にんげん》の子《こ》どもたち！
我々《われわれ》は今《いま》、ピンチなのです！
我々海底人《われわれかいていじん》の住《す》むリュウグーンランドでは長年《ながねん》、新曲《しんきょく》がリリースされていないのです！
それもそのはず！暗《くら》く深《ふか》い海《うみ》の底《そこ》では新《あら》たな刺激《しげき》にも限《かぎ》りがあり…！
もはや我々《われわれ》の力《ちから》だけで新曲《しんきょく》を生《う》みだすことなど、夢《ゆめ》のまた夢《ゆめ》！

そこで！音楽教室《おんがくきょうしつ》を開《ひら》いて人間界《にんげんかい》の子《こ》どもたちに音楽《おんがく》をより身近《みぢか》に感《かん》じてもらい、
ぐっ
そのふれあいを通《つう》じて新曲《しんきょく》のインスピレーションを…
ん…？
カメだカメだー!!
カメがしゃべってるぅぉぇ！
ようかいだぁぁ!!
カメのようかいだぁぁ！
バタ
ドタ
やーっぱり！校長《こうちょう》は見《み》た目《め》がモロにカメだから…
まともに話《はなし》なんて聞《き》いてくれないぞよー…。
話長《はなしなが》いし…
理屈《りくつ》っぽいし…
ガビッチョ！
ウオホン！
とにかく…！
あの…
えー…
カメだー
ようかいだー
おとなしく我《われ》らの教室《きょうしつ》にお入《はい》りなさい！ってんのぉ！
そこで泣《な》く!?
うぁぁぁぁぁ

1章《しょう》

あれも音楽《おんがく》,
これも音楽《おんがく》

音楽《おんがく》は身近《みぢか》にあふれている！

うちの校長《こうちょう》を泣《な》かすとは…
おーよしよし
シクシクシク
なかなかやるのう…。
名前《なまえ》は？
理住《りずむ》天歩《てんぽ》…。
番戸《ばんど》六郎《ろくろう》…。
天歩《てんぽ》にロクロー…覚《おぼ》えておくのぢゃ…！
ブクブク
ってなことがあってさぁ…。
キーンコーンカーンコーン…
カメの校長《こうちょう》…？
え〜〜？
ホントなの？その話《はなし》…。
蔵敷《くらしく》奏《かなで》
天歩《てんぽ》のクラスメイト
芽呂出《めろで》響《ひびき》
天歩《てんぽ》のクラスメイト
ホントだって！
オレたちその音楽教室《おんがくきょうしつ》に入《はい》るつもりだもん！
そうなの？天歩《てんぽ》くん。
ん？
ん〜…。
ウソくせー
校長《こうちょう》を泣《な》かしちゃったおわびに一緒《いっしょ》に入《はい》るって言《い》ったろ！
ま…まあそうね…。

ホーント
ぢゃやな!?
ビクゥ
ガラララッ
ウズメちゃ…！
うれしーのぢゃ!!
ありがとーなのぢゃ!!
ガバッ
さっそくわらわたちの教室《きょうしつ》に行《い》くのぢゃ！
まだ授業《じゅぎょう》があるよぅ！
っつーかここ学校《がっこう》だよ!?
勝手《かって》に入《はい》ってきちゃって!!
しょぼーん…
ゲヘヘ
ドタ
バタ
それにボクは音楽《おんがく》にあんまり興味《きょうみ》ないよ!?
それでもいいの!?
まーたまた！そんなこと言《い》っちゃってぇ！
この〜っ
クイックイッ
何《なに》そのポーズ…
ほ…本当《ほんとう》だよ！
じゃ！まずは…
んね★
身《み》の回《まわ》りにある音楽《おんがく》に気《き》づいてもらうのぢゃ！
だれに言《い》ってるの…？

身《み》の回《まわ》りの音楽《おんがく》　その①　家《いえ》の中《なか》で

テレビやラジオ，CD《シーディー》やインターネットで聞《き》くもの以外《いがい》にも，音《おん》楽《がく》はごく身近《みぢか》なところにあふれているよ！

目覚《めざ》まし時計《どけい》の音《おと》

家電製品《かでんせいひん》の音《おと》

ドアホンの音《おと》

電話《でんわ》の着信音《ちゃくしんおん》

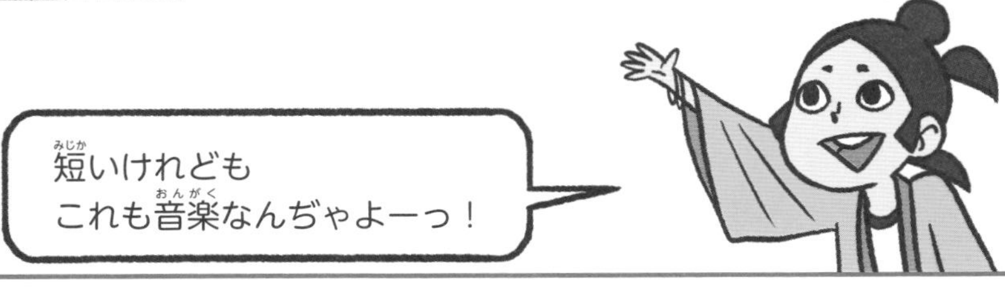

身《み》の回《まわ》りの音楽《おんがく》　その❷　家《いえ》の外《そと》で

学校《がっこう》やお店《みせ》，町《まち》の中《なか》でもたくさんの音楽《おんがく》が流《なが》れているよ。

学校《がっこう》のチャイム

電車《でんしゃ》の発車《はっしゃ》メロディー

店《みせ》の入店音《にゅうてんおん》

デパートの呼《よ》び出《だ》し

移動販売《いどうはんばい》の呼《よ》びかけ

ふだんよく聞《き》くものが
多《おお》いのう。
どんなメロディーだったか
思《おも》い出《だ》せるかな？

…ってな具合《ぐあい》ぢゃ！
へー…。
音楽《おんがく》って身近《みぢか》にたくさんあるんだねぇ…。
というわけでぇ…。
モジモジ
？
行《い》くのぢゃ！
ゲハハ！やっべえ!!
ワーッ!!
だからまだ授業《じゅぎょう》があるんだって！
はっ！
ゾワッ
殺気《さっき》…!!
かなでちゃんビ〜ム!!!
ズギャ
もうやめて。
天歩《てんぽ》くんいやがってるじゃないの。
シュウウウゥ……
説明《せつめい》しよう！
かなでちゃんがその気《き》になれば、目《め》から殺気《さっき》だって放《はな》てちゃうのだ!!
ね？天歩《てんぽ》くん☆
ニコッ
あ…いやと言《い》うか…。

キーッ！じゃましないでほしいのぢゃあ！こちとらのどから手《て》が出《で》るほど生徒《せいと》がほしいのにい!!
放課後《ほうかご》！学校《がっこう》が終《お》わったら行《い》くから！
それまで待《ま》っててよ！
ホントかのぉ〜う？
ぐすっ
う…うん！約束《やくそく》する！
待《ま》って！
すーん…
かなでちゃん…？
そんなあやしげなところに天歩《てんぽ》くんを一人《ひとり》で行《い》かせるわけにはいかないわ！
私《わたし》もその音楽教室《おんがくきょうしつ》に入《はい》ってやろうじゃないの！
長年《ながねん》ピアノやってるし！
エエーッ!!
あのー…オレはー…？
忘《わす》れてませんか？
ドンマイ！
ポンッ!

そして放課後《ほうかご》…
キーンコーン
カーンコーン
ちょっとかなで！
あんた本気《ほんき》!?
本気《ほんき》で二人《ふたり》についてくの!?
ヒビキちゃん…。
だって…逆《ぎゃく》にこの二人《ふたり》だけだと心配《しんぱい》じゃない？
信用《しんよう》ないのね…
あーそう…
じゃあ気《き》をつけてね…。
ヒビキちゃーん？
何《なに》言《い》ってるの？あなたも来《く》るの。
来《こ》ないなんて選択肢《せんたくし》はあなたにないの。
アタリマエデショー？
ええええっ!?
アー
アー
ザザァン…

でっかいカメ…！
なー？ホントだったろ？
ようやく来《き》たんぢゃね！
待《ま》ちこがれたぞよ！
ちょっと待《ま》つのぢゃ。
もうちょい下《さ》がって。
!!
ガブブッ
どしゃあっ！
いてて…
アタシたち食《た》べられた？
お…おい！
おお～っ！
キラリーン

※室内《しつない》の音《おと》が外《そと》にもれるのを防《ふせ》ぐこと。

音楽《おんがく》のはじまり　その❶　歌《うた》やリズム

音楽《おんがく》がいつ生《う》まれたかは，はっきりとはわからないけれど，おそらく大昔《おおむかし》のことで，人類初《じんるいはつ》の音楽《おんがく》は歌《うた》だっただろうと考《かんが》えられているよ。大昔《おおむかし》の人《ひと》はどんなときに歌《うた》ったのかな？

漁《りょう》や農作業《のうさぎょう》のかけ声《ごえ》

みんなで心《こころ》を一《ひと》つにする。

子守歌《こもりうた》

子《こ》どもを安心《あんしん》させる。

お祈《いの》りやおまじない

病気《びょうき》の治療《ちりょう》

歌《うた》には，悪《わる》いことを遠《とお》ざけたり，病気《びょうき》を治《なお》したりする特別《とくべつ》な力《ちから》があると信《しん》じられていた。

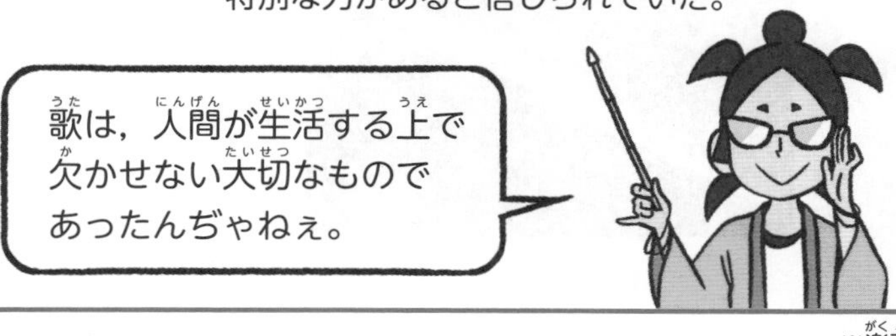
歌《うた》は，人間《にんげん》が生活《せいかつ》する上《うえ》で欠《か》かせない大切《たいせつ》なものであったんぢゃねぇ。

※楽譜《がくふ》はイメージです。

音楽《おんがく》のはじまり　その❷　楽器《がっき》

大昔《おおむかし》の楽器《がっき》ってどんなものだったんだろう？

自分《じぶん》の体《からだ》を使《つか》う

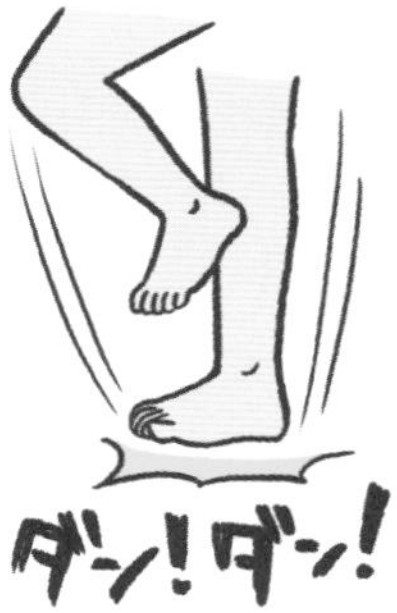

自然《しぜん》の素材《そざい》を使《つか》う

くらべてみよう　大昔《おおむかし》のフルートと現在《げんざい》のフルート

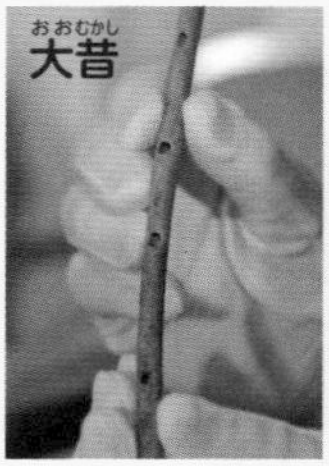

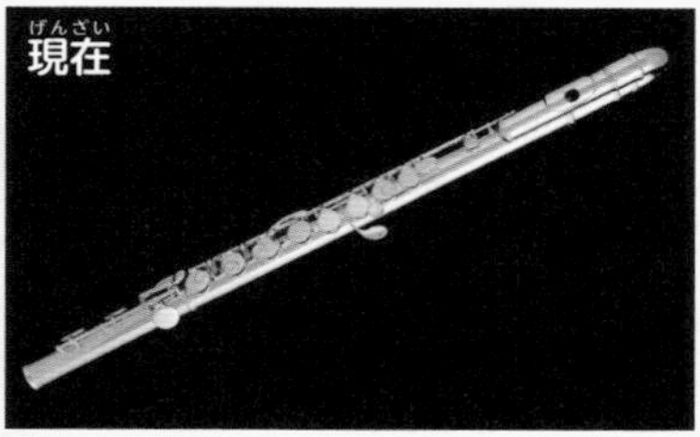

ワシの骨《ほね》で作《つく》られた古《こ》代《だい》の笛《ふえ》が，ヨーロッパの洞《どう》くつで発見《はっけん》されている。3万《まん》5千《せん》～4万《まん》年前《ねんまえ》のものと考《かんが》えられるよ。

と、まあ このように、音楽《おんがく》は人々《ひとびと》の生活《せいかつ》に常《つね》によりそってきたんですねえ…
何《なに》か質問《しつもん》はあるかの？
ピッ
ないでーす♥
はい！
はい！じゃあ さっきのコエー子《こ》！
かなでです！
この教室《きょうしつ》の授業料《じゅぎょうりょう》はいくらですか？
無料《むりょう》ぢゃ！
スチャ
え？
あやし〜い…。
初回《しょかい》は無料《むりょう》とか言《い》って、あとでガッポリとるつもりでしょ！
ど〜せ！
とらないぞよ。
どーもウソくさいのよね…。
タダより高《たか》いものはないと言《い》うし…。
ヒソ ヒソ
ヒソ ヒソ
うん…
そっか…
それだ！
ヒソ ヒソ
キッ
そもそもあなたは楽器《がっき》を演奏《えんそう》できるのか…
ド
見《み》せてごらんなさいよ!!
あいつらコエーな…。
うん…。

世界《せかい》にはいろいろな音楽《おんがく》がある！

デーッ…♪
こんな感《かん》じかのう？
テヘ★
わーっ！
パチ
パチ
すっげー！！
感動《かんどう》したぜ！
これはたまげたわ…！
かなでちゃん？
認《みと》めざるを得《え》ないようね…。
ベートーヴェンをこんなにも完璧《かんぺき》に演奏《えんそう》するだなんて…。
負《ま》けたわ…
おおっ？ベートーヴェンを知《し》ってるんぢゃね!?
幼稚園《ようちえん》のころからクラシックを習《なら》ってるから…。
今《いま》も週《しゅう》8で…
くらしっく？？
はて？
ん？
音楽《おんがく》のジャンルの一《ひと》つぢゃ！

音楽《おんがく》のジャンル

ふだんよく聞《き》く音楽《おんがく》にも，いろいろなジャンルがあるよ。それぞれ，どんな特徴《とくちょう》があるのかな？

クラシック

西洋《せいよう》（ヨーロッパなど）の芸術音《げいじゅつおん》楽《がく》。主《おも》に 17 ～ 19 世紀《せいき》に作《つく》られたものをさす（現在《げんざい》も新《あたら》しいクラシックの作品《さくひん》は作《つく》られている）。

ジャズ

クラシックとアフリカの音楽《おんがく》が混《ま》ざり合《あ》ってできた音楽《おんがく》。アメリカ南部《なんぶ》の町《まち》，ニューオリンズが発祥《はっしょう》の地《ち》とされている。

ロック

ジャズやブルースなどをもとに，新《あら》たにアメリカで生《う》まれた音楽《おんがく》。主《おも》にエレキギターを使《つか》い，バンドで演奏《えんそう》されるものが多《おお》い。

ポップス

だれでも聞《き》きやすいよう作《つく》られた楽曲《がっきょく》。歌《うた》入《い》りのものが多《おお》い。「ポップ」は「ポピュラー（人気《にんき》がある）」という意味《いみ》。

※ジャンルの分《わ》けかたには諸説《しょせつ》あります。

世界《せかい》の音楽《おんがく》

世界中《せかいじゅう》のいろいろな国《くに》や地域《ちいき》に，個性豊《こせいゆた》かな音楽《おんがく》がたくさんあるよ。

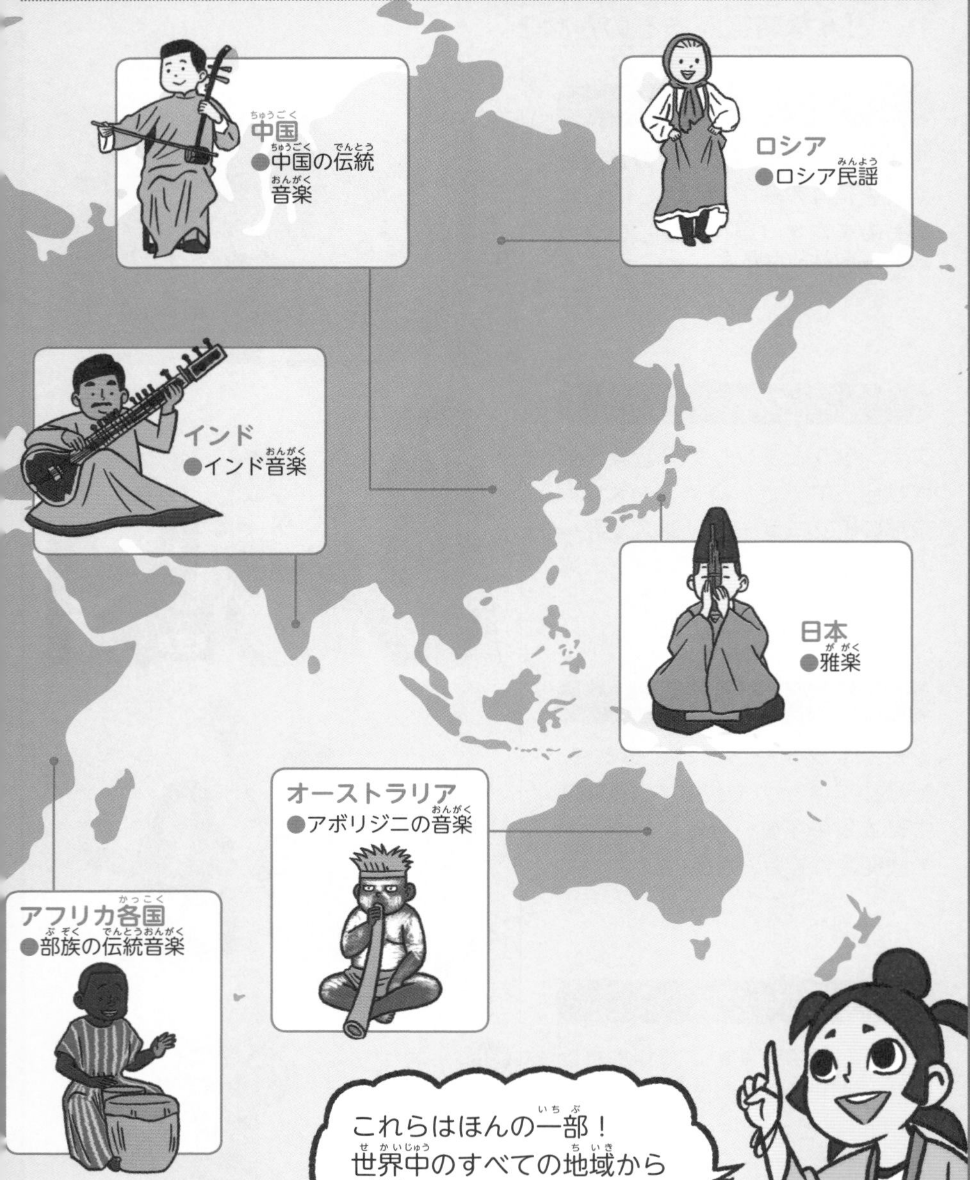

中国《ちゅうごく》
●中国《ちゅうごく》の伝統《でんとう》音楽《おんがく》
ロシア
●ロシア民謡《みんよう》
インド
●インド音楽《おんがく》
日本
●雅楽《ががく》
オーストラリア
●アボリジニの音楽《おんがく》
アフリカ各国《かっこく》
●部族《ぶぞく》の伝統音楽《でんとうおんがく》
これらはほんの一部《いちぶ》！
世界中《せかいじゅう》のすべての地域《ちいき》から
音楽《おんがく》は生《う》まれているのぢゃ！

※中南米発祥《ちゅうなんべいはっしょう》の音楽《おんがく》をまとめて「ラテン音楽《おんがく》」とも呼《よ》びます。

アメリカ
●ブルース
●カントリー
など
スコットランド
●スコットランド
民謡《みんよう》
スペイン
●フラメンコ
ハワイ
●ハワイアン
音楽《おんがく》
ジャマイカ
●レゲエ
キューバ
●マンボ
●サルサ
●ルンバ　など
アルゼンチン
●タンゴ
ブラジル
●サンバ
●ボサノバ
など
チラッ
これらの音楽《おんがく》が混《ま》ざり合《あ》い，変化《へんか》を続《つづ》けながら今日《こんにち》までいたっているのです。

いろんな音楽《おんがく》があるんだねぇ。
やっぱオレはロックだなーっ！
アタシはポップスかな。
かなではやっぱりクラシックが好《す》きなのかの？
んー…。
そんなこと考《かんが》えたこともなかったなぁ…。
かなで2才《さい》
♪〜♪〜♫
ピンポロン
ピンポロ♪
ちっちゃいころから当《あ》たり前《まえ》のように身近《みぢか》にあったから…。
せっかくだからクラシックだけじゃなく、いろんな音楽《おんがく》を聞《き》くといいぞよ！
そうねぇ…。
世界《せかい》は広《ひろ》いのぢゃ！
テッテレ〜♪
ジャンルはいーっぱいあるけれど一《ひと》つにしぼる必要《ひつよう》はないぞよーっ！
なんか話《はなし》が壮大《そうだい》になってきてない…？

ありのままに
心《こころ》のままに！
あまりこだわらず
いろんな音楽《おんがく》を
聞《き》いてみたらいい
ってことぢゃ。
よくぞ
言《い》いました！
校長《こうちょう》！
ニコッ
あ…あれが
校長《こうちょう》？
そ。
モロに
カメだろ？
登場《とうじょう》のしかたが
前《まえ》と同《おな》じだ…。
ス…ってやつ…
ヒソ
ヒソ
ヒソ
確《たし》かにこだわり
すぎるのも
考《かんが》えもの…。
キラン
しかし…
トイレット
ペーパーは
そうじのあと
三角《さんかく》にする
約束《やくそく》でしょう！
三角《さんかく》にする
あなたは
毎回《まいかい》
毎回《まいかい》…！
ドドド
ごめん
なのぢゃ！
ついつい
忘《わす》れちゃう
のぢゃ！
ひぇぇえっ！
めっちゃ
こだわってんだね…

自《じ》由《ゆう》に音《おん》楽《がく》にふれてみよう!

お…お見苦《みぐる》しいところをお見《み》せしました…。
ハァ
ハァ
本日《ほんじつ》の授業《じゅぎょう》はこれくらいにしておきましょう…。
ハァ
ハァ
また次回《じかい》…お待《ま》ちしておりますよ…。
ハァ…
カー
カー
ただいまーっ
ん?
ただいまって言《い》ってんの!
あらやだ!? おかえりなさ〜い〜★
ラララ♪
何《なん》の曲《きょく》聞《き》いてるの?
ゴキゲンだねぇ…
知《し》らなーい★
ポッ
ポッ
何《なん》の曲《きょく》かもわからずに聞《き》いてるの!?
なんとな〜く好《す》きなのよね〜。

きっかけは何《なん》でもいい！

君《きみ》は気《き》になっている曲《きょく》はあるかな？　それはどんなきっかけだったかな？

楽器《がっき》の音《おと》が気持《きも》ちいいから。
テレビで流《なが》れているから。
CD《シーディー》のデザインがおもしろいから。
この曲《きょく》…なんとなくいいなぁ…
ミュージックビデオがかっこいいから。
AICX-TV
恋して
好《す》きな番組《ばんぐみ》の主題歌《しゅだいか》だから。
歌詞《かし》に感動《かんどう》したから。
サビ※がかっこいいから。
家族《かぞく》が聞《き》いていたから。
振《ふ》り付《つ》けがかわいいから。
歌手《かしゅ》がイケメンだから。
「なんとなく好《す》き」でいいのよ。

※曲《きょく》の中《なか》で一番《いちばん》盛《も》り上《あ》がる部分《ぶぶん》。

こんな聞《き》きかたもアリ!

音楽《おんがく》の聞《き》きかたに決《き》まりはないよ!

アルバムの中《なか》の1曲《きょく》だけ聞《き》く

放送《ほうそう》されている部分《ぶぶん》だけ聞《き》く

好《す》きな部分《ぶぶん》を何度《なんど》も聞《き》く

実《じつ》は…ヘンテコな音楽教室《おんがくきょうしつ》に通《かよ》うことになっちゃって…。
あら！いいじゃない！やんなさいやんなさい！
お父《とう》さんと知《し》り合《あ》ったのも音楽《おんがく》を通《つう》じてだったなあ…。
え？そうなの？
大学《だいがく》の軽音楽《けいおんがく》サークルでね、お父《とう》さんは一《ひと》つ上《うえ》の先輩《せんぱい》で…
わーっ！すっごいジミー！
お父《とう》さんて地味《じみ》な人《ひと》だったから全然意識《ぜんぜんいしき》してなかったんだけど…。
一緒《いっしょ》にバンドをやってるうちに仲良《なかよ》くなって…まあなんとなく…。
えっ⁉ バンドやってたの⁉
初耳《はつみみ》！
父《とう》さん後《うし》ろにいるけどね。
!!
?
ギクッ
そうだったのか…。
地《じ》味《み》か―…
そこがいいのよお父《とう》さん！
つっつ
地味《じみ》なところが最高《さいこう》よ！
がんばれぇ！
フォローになってないよソレ…

お気《き》に入《い》りを見《み》つけよう！

※フェスティバル（＝祭《まつ》り）の略《りゃく》。ここでは音楽《おんがく》イベントのこと。

お気《き》に入《い》りの音楽《おんがく》を見《み》つけるには？　その❶

世界中《せかいじゅう》にたくさんある音楽《おんがく》の中《なか》から，どうすればお気《き》に入《い》りの曲《きょく》を見《み》つけられるかな？

ラジオを聞《き》く

曲名《きょくめい》と，歌手《かしゅ》や演奏者《えんそうしゃ》などの名前《なまえ》も紹介《しょうかい》しているよ。気《き》になる曲《きょく》が流《なが》れたらメモをとってみよう。

CD《シーディー》 ショップに行《い》く

新発売《しんはつばい》のアルバムや話題《わだい》の曲《きょく》を試聴《しちょう》することもできるよ。店員《てんいん》さんのオススメも参考《さんこう》にしてみよう。

インターネットで聞《き》く

音楽配信《おんがくはいしん》サイトや動画《どうが》サイトなどで曲《きょく》を検索《けんさく》できる。君《きみ》の好《この》みに合《あ》った曲《きょく》をＡＩ《エーアイ》※やコンピューターが集《あつ》めてくれるサイトもあるよ。

オススメを教《おし》えてもらう

音楽好《おんがくず》きな家族《かぞく》や友《とも》だちにオススメを聞《き》いてみよう。CD《シーディー》 を貸《か》してもらうのもいいね。

※ Artificial《アーティフィシャル》 Intelligence《インテリジェンス》 (人工知能《じんこうちのう》) の略《りゃく》。シリーズ㉙「ＡＩ《エーアイ》って何《なん》だろう？」で詳《くわ》しく解説《かいせつ》しているよ。

お気《き》に入《い》りの音楽《おんがく》を見《み》つけるには？　その❷

気《き》になる１曲《きょく》が見《み》つかったら，そこからさらに範囲《はんい》を広《ひろ》げていろいろな曲《きょく》を聞《き》いてみよう！

同《おな》じミュージシャンの別《べつ》の曲《きょく》を聞《き》いてみる

ほかにどんな曲《きょく》を作《つく》ったり歌《うた》ったりしているのかな？

同《おな》じ曲《きょく》の別《べつ》バージョンを聞《き》いてみる

有名《ゆうめい》な曲《きょく》の中《なか》には，いろいろなミュージシャンによって演奏《えんそう》されているものもあるよ。

同《おな》じジャンルの曲《きょく》を聞《き》いてみる

一《ひと》つのジャンルにしぼってたくさんの曲《きょく》を聞《き》いてみるのも楽《たの》しいよ。

好《す》きなミュージシャンのオススメを聞《き》いてみる

そのミュージシャンが影響《えいきょう》を受《う》けた音楽《おんがく》はどんなものだろう。

よっしゃ！インターネットでかっこいいバンドを探《さが》そうぜ！
オレんち来《こ》いよ！
いいけど…ロクローの家《いえ》かぁ…。
兄《にい》ちゃん！パソコン貸《か》してーっ！
ガララ゛
どうした？六郎《ろくろう》。
長男《ちょうなん》一郎《いちろう》
宿題《しゅくだい》はやったのか？六郎《ろくろう》。
次男《じなん》二郎《じろう》
ゾロ
ゾロ
オレのゲームのデータ消《け》したろ？六郎《ろくろう》。
三男《さんなん》三郎《さぶろう》
オレのプリン食《く》ったろ？六郎《ろくろう》。
四男《よんなん》四郎《しろう》
やあ！久《ひさ》しぶり天歩《てんぽ》くん！
五男《ごなん》五郎《ごろう》
やっぱりやめよう…。
六男《ろくなん》六郎《ろくろう》
ホントそっくりだよね…お兄《にい》さんたちと…。

生演奏《なまえんそう》を聞《き》ける場所《ばしょ》

コンサート会場《かいじょう》

歌手《かしゅ》やバンドなどがステージで歌《うた》や演奏《えんそう》を観客《かんきゃく》に披露《ひろう》する。小《ち》さなライブハウスから，数万人《すうまんにん》が入《はい》れるドームまで，会場《かいじょう》の規模《きぼ》はさまざま。

劇場《げきじょう》

ミュージカルの劇中《げきちゅう》で流《なが》れる音楽《おんがく》は，舞台《ぶたい》の前《まえ》にある「オーケストラ・ピット」という場所《ばしょ》で生演奏《なまえんそう》されていることが多《おお》い。

音楽教室《おんがくきょうしつ》の発表会《はっぴょうかい》

歌《うた》や楽器《がっき》を習《なら》う生徒《せいと》が練習《れんしゅう》の成果《せいか》を発表《はっぴょう》する。出演者《しゅつえんしゃ》の家族《かぞく》や友《とも》だちであれば聞《き》きに行《い》くことができる。

路上《ろじょう》ライブ

休日《きゅうじつ》になると，路上《ろじょう》や公園《こうえん》など人《ひと》が行《い》きかう公共《こうきょう》の場所《ばしょ》で音楽《おんがく》を演奏《えんそう》していることがある。だれでも自由《じゆう》に聞《き》くことができる。

ミュージシャン 亀田誠治《かめだせいじ》 伝説《でんせつ》のエピソード①

日本を代表《だいひょう》するミュージシャンであり作曲家《さっきょくか》・音楽《おんがく》プロデューサー…
バーン!
ド
ン
Seiji Kameda
ベーシスト「亀田誠治《かめだせいじ》」!
このコーナーでは彼《かれ》の数々《かずかず》の伝説《でんせつ》のエピソードをご紹介《しょうかい》しましょう。
キラッ
音楽好《おんがくず》きの一家《いっか》に生《う》まれ家《いえ》の中《なか》にはいつもラジオやレコードの音楽《おんがく》が流《なが》れていました。
3才《さい》でピアノ、小学《しょうがく》5年生《ねんせい》でクラシックギターを習《なら》います。
面白《おもしろ》い先生《せんせい》だなー
これに合《あ》わせて弾《ひ》いてごらん!
バンッ
バンッ
ギターをたたいてもいいんだ…音楽《おんがく》って自由《じゆう》なんだ…!
亀田少年《かめだしょうねん》は洋楽《ようがく》の流《なが》れるラジオ番組《ばんぐみ》が大《だい》のお気《き》に入《い》り。
今週《こんしゅう》のトップ3は…
やがて…
んー…
こっちの曲《きょく》のほうがかっこいいのに…
なんで1位《い》にならないんだろ?

だったら自分好《じぶんごの》みのランキングを作《つく》っちゃえ!
「FM《エフエム》カメダ」スタート!
自分《じぶん》の選曲《せんきょく》で自分《じぶん》だけの「ヒットチャート」を作《つく》って毎週発表《まいしゅうはっぴょう》していたのです。
ラジカセとは昔《むかし》の音楽《おんがく》プレイヤーですよ
ラジカセを置《お》いた自分《じぶん》の部屋《へや》がスタジオがわり
DJ《ディージェイ》=カメダ! リスナー=カメダ!
自作《じさく》のヒットチャート
今週《こんしゅう》のランキング
1.
2.
3.
4.
5.
ちゃんとスタジオの設《せっ》計《けい》図《ず》も方眼紙《ほうがんし》に書《か》いていた
自分《じぶん》でリクエストはがきを書《か》いて投函《とうかん》!
もちろん自宅《じたく》に届《とど》く!
「FM《エフエム》カメダ」はこのあと6年間《ねんかん》も続《つづ》く長寿番組《ちょうじゅばんぐみ》になりました。

カメダ年表《ねんぴょう》 その❶

0才《さい》

- ニューヨークで生《う》まれる。(その後《あと》すぐ日本に引《ひ》っ越《こ》す)

3才《さい》

- ピアノを習《なら》う。(初《はじ》めての楽器《がっき》!)

小学《しょうがく》5年生《ねんせい》

- クラシックギターを習《なら》う。
- ラジオの音楽番組《おんがくばんぐみ》に夢中《むちゅう》になり、自分《じぶん》でもラジオ番組《ばんぐみ》を作《つく》る!

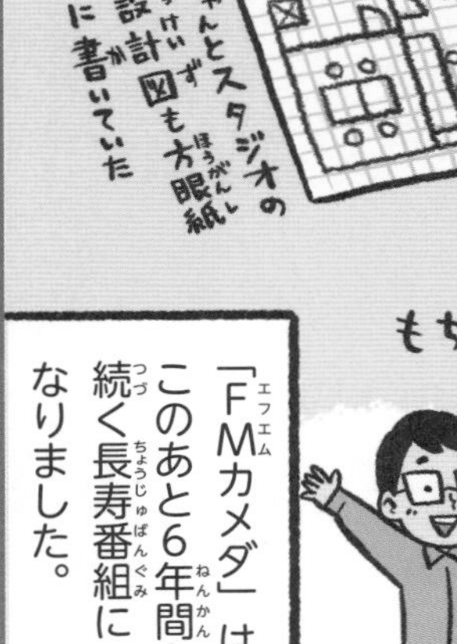
といったところで今回《こんかい》はここまで…。
p.66に続《つづ》きます。
キラーン

オススメ曲《きょく》のプレイリストを作《つく》ろう！

君《きみ》のオススメ曲《きょく》を記入《きにゅう》して，プレイリストを作《つく》ってみよう！

名前《なまえ》

のオススメ曲《きょく》プレイリスト！

1 タイトル　アーティスト名《めい》

オススメポイント！

2 タイトル　アーティスト名《めい》

オススメポイント！

3 タイトル　アーティスト名《めい》

オススメポイント！

好《す》きな曲《きょく》を集《あつ》めよう！
友《とも》だちとプレイリストを
見《み》せ合《あ》うのも楽《たの》しいよ！
理住 天歩
のオススメ曲プレイリスト！
1 タイトル
BEST恋路
アーティスト名
オープン恋路
オススメポイント！
ベストだから。
2 タイトル BEST OF KANATO MASAKI
アーティスト名
将木 叶人
オススメポイント！
ベストだから。
3 タイトル
アフロdeベスト
アーティスト名 福沢幹希
オススメポイント！
ベストだから。

2 章《しょう》

音楽《おんがく》を味《あじ》わう，楽《たの》しむ

ザザァッ…
今日《きょう》はカメに食《た》べられるわけじゃないのね…。
口《くち》から入《はい》るのはいっしょだけども…
さすがに毎回《まいかい》転《ころ》がされたらたまったもんじゃないもんね…。
ん？これって…
運動会《うんどうかい》のときに流《なが》れる曲《きょく》？
タラララ♪
な…なんか…
そわそわ
急《いそ》がなきゃいけない気《き》がする…！
ダダッ

その曲《きょく》を聞《き》いてどんな気持《きも》ちになる？

曲《きょく》を聞《き》いて，あるイメージが思《おも》いうかんだり，ある感情《かんじょう》がわいてきたりすることはないかな？

たとえば…
CM《シーエム》で使《つか》われている曲《きょく》を聞《き》いて…

楽《たの》しい気持《きも》ちになる

たとえば…
ドラマの主題歌《しゅだいか》を聞《き》いて…

悲《かな》しい気持《きも》ちになる

たとえば…
運動会《うんどうかい》でかかる曲《きょく》を聞《き》いて…

体《からだ》を動《うご》かしたい
気持《きも》ちになる

音楽《おんがく》が人《ひと》の気持《きも》ちにあたえる影響《えいきょう》は大《おお》きいんだよ。

WINNER《ウィナー》!
……。
そんなに急《いそ》いで何《なに》をしてるんぢゃ？
日曜《にちよう》の授業《じゅぎょう》は午後《ごご》からのはずぢゃが…。
カメの中《なか》ではあまり走《はし》らないでほしいんぢゃ…
ウィナーとか言《い》っちゃって…
ハァ
ハァ
この曲《きょく》を聞《き》いたら走《はし》らずにはいられなくて…。
オエッ!
運動会《うんどうかい》で流《なが》れる曲《きょく》だから…。
ゼェ
ゼェ
ゼェ
あー…人間界《にんげんかい》の運動会《うんどうかい》はそうらしいのう。
ぢゃがリュウグーンランドではこの曲《きょく》はお昼寝《ひるね》タイムの曲《きょく》なんぢゃ！
ヘヤァ…
ぜ…全然《ぜんぜん》ちがうんだね…！
ゼェ
ゼェ

そうぢゃ。音楽《おんがく》には正解《せいかい》はないんぢゃぞ。
この曲《きょく》でねるの？
ウトウト
タララララ♪
タラタラタラ♪
テクテク…
天国《てんごく》と地獄《じごく》でしょ？
私《わたし》はこの曲《きょく》で走《はし》りたくはならないなぁ。
この曲《きょく》が使《つか》われてるオペラの内容《ないよう》を想像《そうぞう》しちゃって…。
音楽《おんがく》を聞《き》いて何《なに》を思《おも》いうかべるかはその人《ひと》の自由《じゆう》ぢゃぞ～…。正解《せいかい》がないからこそ音楽《おんがく》って…面白《おもしろ》いん…ぢゃ。
ワーッ ワーッ
ねたわね…
ねたね…
オペラ…??
オカラ
プーッ
オナラ
オテラ
それは不正解《ふせいかい》だと思《おも》うよ…。
んー…
ぐっ…！
ああっ…。
ドシャア…
とうとう力《ちから》つきたか…。
バ
あとは姫《ひめ》と王様《おうさま》だけだね…。

音楽《おんがく》で体《からだ》が動《うご》く！

キーンコーン
カーンコーン
今日《きょう》の授業《じゅぎょう》はダンスをしてもらいます！
赤平良《あかぺら》 真具《しんぐ》
天歩《てんぽ》たちの担任《たんにん》
さあみんな！二人一組《ふたりひとくみ》になってちょうだい！
ててて天歩《てんぽ》くん…！いっしょにおどおどおど…シャルウィダン…ス？
オドオド
うん。よろしく～。
あっさり！
ロクロー よろしくー。
おう！
ヒビキにはこないだのかけっこで負《ま》けてるからな…。
ギラッ
ここはビシッと決《き》めて…オレがいかにロックかってところを見《み》せてやる…！
そして勝かつ！
ではミュージック…
ピッ
スタートゥ★

!?
ぐるんっ
びくっ
バッ
くる
くる
ダン!
バッ
バッ
わーっ!ヒビキちゃんすごーい!
いや〜っ!
体《からだ》が勝手《かって》に動《うご》いちゃって…。
キャーキャー言《い》われとる…!
実《じっ》にロック!
キャー
キャー!!
すごいや!ヒビキちゃん!
ちょっと…!勝手《かって》に天歩《てんぽ》くんの注目《ちゅうもく》をかっさらってんじゃないわよ…!
アイツ!!

音楽《おんがく》と体《からだ》の動《うご》き

音楽《おんがく》が流《なが》れると，曲《きょく》に合《あ》わせて自然《しぜん》と体《からだ》が動《うご》いてしまうことがあるよね！

テンポが速《はや》い曲《きょく》だと…

早歩《はやある》きになる

思《おも》わず走《はし》り出《だ》す

好《この》みの音楽《おんがく》だと…

手《て》や足《あし》でリズムをきざむ

曲《きょく》に合《あ》わせて体《からだ》がゆれる

赤《あか》ん坊《ぼう》も…

音楽《おんがく》とダンスの深《ふか》いかかわり

学校《がっこう》やお祭《まつ》りなどでダンスを踊《おど》ったことはあるかな？　どんな曲《きょく》で踊《おど》った？　音楽《おんがく》とダンスは，おたがい欠《か》かすことができない大切《たいせつ》なものなんだよ。

運動会《うんどうかい》で…

ゲームで…

お祭《まつ》りで…

医療《いりょう》の場《ば》でも音楽《おんがく》の力《ちから》が役立《やくだ》っている

- 音楽《おんがく》に合《あ》わせて体《からだ》を動《うご》かす練習《れんしゅう》をする。
- 音楽《おんがく》を通《つう》じて，言葉《ことば》が不自由《ふじゆう》な人《ひと》とコミュニケーションをとる。

音楽《おんがく》を使《つか》って患者《かんじゃ》の心《こころ》や体《からだ》を元気《げんき》づけたり，回復《かいふく》の手助《てだす》けをしたりするリハビリなどを「**音楽療法《おんがくりょうほう》**」というんだ。

リズムに合《あ》わせて自由《じゆう》にやればいいのよ！
自分《じぶん》なりに楽《たの》しめばいーじゃん！
スゴーイ！
あらま！
芽《め》呂《ろ》出《で》さんダンス上手《じょうず》ねえ！
ポカーーン…
パチ パチ
なんだか歌《うた》いたくなっちゃう！
げ…。
スゥ〜
アー！
アーッ！アーッ！
やばい！にげろ！
先生《せんせい》歌《うた》うまいんだけど…！
声《こえ》大《おお》きすぎなんだよね…！

音楽家《おんがくか》だけじゃない！

音楽《おんがく》に関《かか》わる職業《しょくぎょう》

歌手《かしゅ》や作曲家《さっきょくか》，音楽《おんがく》の先生以外《せんせいいがい》にも，音楽《おんがく》に関《かか》わる職業《しょくぎょう》はたくさんあるよ！　その一部《いちぶ》を紹介《しょうかい》するね！

楽器《がっき》に関《かか》わる仕事《しごと》

楽器職人《がっきしょくにん》

楽器店店員《がっきてんてんいん》

調律師《ちょうりつし》

楽器《がっき》の音《おと》を調整《ちょうせい》する人《ひと》。

音響《おんきょう》に関《かか》わる仕事《しごと》

レコーディングエンジニア

楽曲《がっきょく》を録音《ろくおん》するときに音響《おんきょう》を調整《ちょうせい》する人《ひと》。

ステージに関《かか》わる仕事《しごと》

舞台《ぶたい》の音響《おんきょう》・照明《しょうめい》スタッフ

音楽《おんがく》を広《ひろ》める仕事《しごと》

音楽《おんがく》ライター

ミュージシャンなどを取材《しゅざい》して記事《きじ》を書《か》く人《ひと》。

レコード会社社員《がいしゃしゃいん》

ラジオＤＪ《ディージェイ》

音《おん》楽《がく》にはこんな効《こう》果《か》がある！

アー
アー
さーて！
今日《きょう》の授業《じゅぎょう》は…。
いったい
どんなときに
音楽《おんがく》の力《ちから》が
役《やく》に立《た》つかに
ついて
なんぢゃが…。
ウズメ先生《せんせい》！
キィ…
たった今《いま》
リュウグーンランドより
連絡《れんらく》がありました！
何《なに》か
あったようです。
急《いそ》いで
戻《もど》りましょう！
問題発生《モンダイハッセイ》！
至急戻《シキュウモド》ラレタシ
へっきし！
リュウグーンランドって
ウズメちゃんたちが
住《す》んでるとこだよね？
うむ…。
ゴオオオ…

な…何《なに》が起《お》こったの？
初《はじ》めて会《あ》ったときの校長《こうちょう》の話《はなし》…覚《おぼ》えてるかの？
新曲《しんきょく》ができないっていう？
そう。
わらわたち海底人《かいていじん》が生《い》きる上《うえ》で音楽《おんがく》は必要不可欠《ひつようふかけつ》なのぢゃ。
それが最近《さいきん》まったく新曲《しんきょく》ができなくて…
生《い》きる活力《かつりょく》を失《うしな》った住人《じゅうにん》たちはどんどん弱《よわ》り始《はじ》めて…
そして…おそらくついに…
ううぅ…！
そんな大《おお》げさな…。
えーっ？
音楽《おんがく》の力《ちから》は体調《たいちょう》に影響《えいきょう》をあたえるのです。
ストレス軽減《けいげん》のためにモーツァルトの曲《きょく》を牛《うし》に聞《き》かせる牧場《ぼくじょう》もあるのですよ。
泣《な》くほど？
モウ？

音楽《おんがく》がもたらす効果《こうか》

音楽《おんがく》は，気《き》持《も》ちにも体調《たいちょう》にもよい影響《えいきょう》をあたえてくれることがあるよ。

一人《ひとり》で集中《しゅうちゅう》したいとき

例《れい》 試合《しあい》の前《まえ》

大勢《おおぜい》でにぎやかに過《す》ごしたいとき

例《れい》 誕生日《たんじょうび》パーティーで

リラックスしたいとき

例《れい》 夜《よる》寝《ね》る前《まえ》

元気《げんき》を出《だ》したいとき

例《れい》 朝《あさ》の準備《じゅんび》

へーっ！
我々海底人《われわれかいていじん》には音楽《おんがく》が体調《たいちょう》にあたえる影響《えいきょう》が人間《にんげん》より強《つよ》く表《あらわ》れるというわけです。
着《つ》いた！
ゴポゴポ
ゴオオ…
バン
みんなぁ！
しっかりするんぢゃ！
タコっぽい!!
タコ…
ウ…ウズメ姫《ひめ》…。
戻《もど》ってきてくれたのだな…？
まーた変《へん》なの出《で》てきちゃったよ…！
でででん！

チクチクしてるよー…
すっごいファッションセンスね…
ウニ男《お》！タイ子《こ》！
急《きゅう》に呼《よ》び出《だ》してすまなかったな…
ごらんのありさまでな…。
どしゃあ…
住人《じゅうにん》のほとんどが活力《かつりょく》を失《うしな》っている…。
このままではもうダメだ…。
我《わ》が輩《はい》たちも少《すこ》しでも盛《も》り上《あ》げようと演奏《えんそう》したんだが…
ずーーん…
同《おな》じ曲《きょく》を47時間《じかん》…逆《ぎゃく》にあれがまずかった…。
そりゃそうだろ…。
ついにタイ子《こ》までもが…
うっ…！
ウニ男《お》…！
ハァ
ハァ
その子《こ》らは…？

人間界《にんげんかい》の子《こ》どもたちぢゃ。
亀《かめ》の音楽教室《おんがくきょうしつ》の生徒《せいと》になってくれたのぢゃ。
何《なに》…？
キュピーン★
ってことは…
よっと！
ムクリ…
人間界《にんげんかい》に音楽教室《おんがくきょうしつ》を開《ひら》く計画《けいかく》は成功《せいこう》したんだね!?
デン
指見沢《さしみざわ》タイ子《こ》
打楽器《だがっき》の達人《たつじん》
ピ…ピンピンしてんじゃん…！
新曲《しんきょく》ができるかもしれないのに寝《ね》ていられるかってんだい！
ほらウニ男《お》！あんたもシャキッとしな！
ふん…！
我《わ》が輩《はい》に指図《さしず》しないでもらおうか…！
デーデン
尖川《とがりがわ》ウニ男《お》
管楽器《かんがっき》の達人《たつじん》
ムクッ

あんなに苦《くる》しそうにしてたじゃん！
うっ…とか言《い》って！
シラ～…
ありゃ仮病《けびょう》さ！
ほーらみんなも立《た》った立《た》った！
うえ～い…
新曲《しんきょく》ができるよーっ！
ボクたちに新曲《しんきょく》なんて作《つく》れないよ!?
まあ聞《き》きな。音楽《おんがく》はいろんな文化《ぶんか》と交《まじ》わってできてるのさ。
そういうこっちゃないよ！
外《そと》の世界《せかい》から来《き》たあんたたちはあたいたちとはちがう文化《ぶんか》を知《し》ってるだろ？そこから刺激《しげき》を受《う》ければきっと新《あたら》しい音楽《おんがく》も生《う》まれる…。
ちがう文化《ぶんか》…？
？
ピンと来《こ》ないようだねぇ…。
ヨッシャ！
これを見《み》てみな！
ドドドン♪

いろいろな文化《ぶんか》と音楽《おんがく》

音楽《おんがく》は，舞台《ぶたい》や映画《えいが》などの芸術作品《げいじゅつさくひん》や，スポーツ競技《きょうぎ》などにも欠《か》かせない存在《そんざい》となっているね。

音楽《おんがく》と映像《えいぞう》

例《れい》 映画《えいが》，ドラマ，ミュージックビデオ，CM《シーエム》

音楽《おんがく》と舞台芸術《ぶたいげいじゅつ》

例《れい》 ミュージカル，バレエ，オペラ

音楽《おんがく》とスポーツ

例《れい》 フィギュアスケート，ダンス，アーティスティックスイミング

音楽《おんがく》で君《きみ》の世界《せかい》が広《ひろ》がる！

音楽《おんがく》をきっかけに…

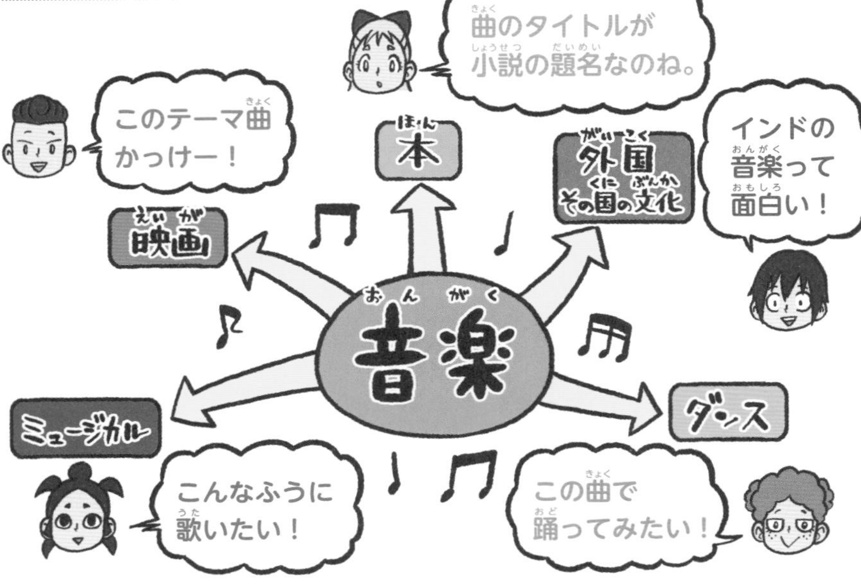

音楽《おんがく》は，今《いま》まで知《し》らなかった世界《せかい》への興味《きょうみ》を広《ひろ》げてくれるよ！

音楽《おんがく》がいかに人生《じんせい》を豊《ゆた》かにするかご理解《りかい》いただけましたか？
おお…まあ…。
というわけでみなさん！
発表会《はっぴょうかい》を開《ひら》きましょう！
あー発表会《はっぴょうかい》ねー。
あれなー発表会《はっぴょうかい》！
そうそうやっぱ発表会《はっぴょうかい》だよねー。
？
どハア!?
っ!

ミュージシャン 亀田誠治《かめだせいじ》

伝説《でんせつ》のエピソード②

亀田少年《かめだしょうねん》は音楽以外《おんがくいがい》にも
推理小説《すいりしょうせつ》や電車《でんしゃ》に夢中《むちゅう》に
なりました。
推理小説《すいりしょうせつ》に出《で》てくる
探偵《たんてい》よろしく、学校帰《がっこうがえ》りに
あやしい人《ひと》（っぽい人《ひと》）を
尾行《びこう》してみたり…
あやしい…
オリジナルの路線図《ろせんず》や
高速道路《こうそくどうろ》を設計《せっけい》して
架空《かくう》の都市計画《としけいかく》を
立《た》てたりしていました。
オリジナル電車《でんしゃ》の設計図《せっけいず》
オリジナル路線図《ろせんず》
ともかく想像力《そうぞうりょく》の
豊《ゆた》かな子《こ》ども
だったのです。

そんな亀田《かめだ》少年《しょうねん》は
たくさんの音楽《おんがく》を
聞《き》いているうちに…
この低《ひく》くて
かっこいい
メロディーは
何《なん》だろう!?
ボン♪
ボン♪
ドキッ
それはベースの
音《おと》でした。
その後《ご》、すっかり
ベースの魅力《みりょく》に
とりつかれていって
しまうのです。
中学《ちゅうがく》2年生《ねんせい》のとき
ついにお年玉《としだま》で
ベースを購入《こうにゅう》します。
亀田《かめだ》少年《しょうねん》のまわりには
いつの間《ま》にか学校《がっこう》の
音楽好《おんがくず》きが集《あつ》まり、
バンドをやることに。
中学校《ちゅうがっこう》の
卒業式《そつぎょうしき》の翌日《よくじつ》…
人生《じんせい》で初《はじ》めての
ライブを開催《かいさい》!
そんな中学生時代《ちゅうがくせいじだい》を
過《す》ごした亀田少年《かめだしょうねん》は
卒業文集《そつぎょうぶんしゅう》に…
卒業文集
中学校
10年後に
武道館で
会おう!
カメダ
大舞台《おおぶたい》での
ライブの夢《ゆめ》を
つづります。

カメダ年表《ねんぴょう》 その❷

小学生《しょうがくせい》のころ

● 電車《でんしゃ》、推理《すいり》小説《しょうせつ》などが大好《だいす》き。

中学生《ちゅうがくせい》のころ

● 学校《がっこう》の部活《ぶかつ》は水泳部《すいえいぶ》。

● ベースに夢中《むちゅう》になる!

中学《ちゅうがく》2年生《ねんせい》

● お年玉《としだま》でベースを購入《こうにゅう》。

中学卒業後《ちゅうがくそつぎょうご》

● 初《はじ》めてのライブを開催《かいさい》!

キラッ
p.98に続《つづ》きます。

バンドメンバーを紹介《しょうかい》するよ！

DJ《ディージェイ》
コンピューターやレコードを使《つか》いこなすサウンドの魔《ま》術師《じゅつし》！

ホーンセクション
さまざまな管楽器《かんがっき》でぐっと華《はな》やかな演奏《えんそう》に！

キーボード
ピアノから電子音《でんしおん》まで色《いろ》とりどりの音《おと》をくり出《だ》すぞ！

ドラム
リズムをつかさどるバンドの要《かなめ》！

ベース
低音《ていおん》で曲《きょく》を支《ささ》える縁《えん》の下《した》の力持《ちからも》ち！

ボーカル
バンドの華《はな》！　歌声《うたごえ》とパフォーマンスで目立《めだ》っちゃおう！

ギター
曲《きょく》のふんいきはギターで決《き》まる！　バンドのカギをにぎるパートだよ！

君《きみ》はどのパートをやってみたい？

3章《しょう》

音楽《おんがく》を奏《かな》でよう

いろいろな楽器《がっき》

音《おと》の出《で》る仕《し》組《く》み別《べつ》に，いろいろな楽器《がっき》を紹介《しょうかい》するよ。

たたく楽器《がっき》

例《れい》 たいこ，トライアングル，カスタネット，シンバル，ピアノ

ドドン

ピアノは，弦《げん》をハンマーでたたいて音《おと》を出《だ》すから，たたく楽器《がっき》に分《ぶん》類《るい》しているよ。

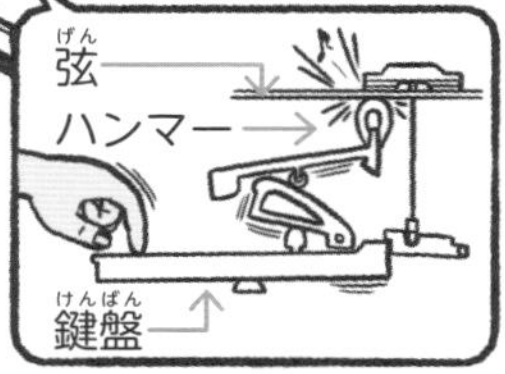
弦《げん》
ハンマー
鍵盤《けんばん》

はじく楽器《がっき》

例《れい》 ハープ，琴《こと》，ギター，ベース

ギターやベース
などもこの
仲間《なかま》ですよ！
ボボン

※楽器《がっき》の分類《ぶんるい》のしかたについては諸説《しょせつ》あります。

空気《くうき》を使《つか》う楽器《がっき》

例《れい》 リコーダー，ハーモニカ，鍵盤《けんばん》ハーモニカ，オルガン，アコーディオン

オルガンやアコーディオンはピアノと同《おな》じ鍵盤楽器《けんばんがっき》だけど，音《おと》の出《で》る仕《し》組《く》みがちがうんだね。

こする楽器《がっき》

例《れい》 バイオリン，ビオラ，チェロ，コントラバス

発表会《はっぴょうかい》…。
ドキドキ
なーに
言《い》ってんだ？
カメちゃん！
あん？
ぐー
発表会《はっぴょうかい》なんて
できるわけ
ないでしょう？
わかるぅ？
くりくり
カメちゃん…？
……っ！
かなでは
おどろかないん
じゃね？
まあ…私《わたし》は
コンクールとか
出《で》てるからね。
ワーッショイ!
ワーッショイ!
発表会《はっぴょうかい》といっても
こぢんまりとした
身内《みうち》だけのもの
ですし…
目標《もくひょう》に向《む》けて
練習《れんしゅう》したほうがいい
ということです。
ピョーイ
ピョーイ
っていってもなー…。
ワッショーイ!
オレたち
楽器《がっき》弾《ひ》け
ねーぜ？
そもそも
持《も》ってないし…。
楽器《がっき》なら
いっぱいある
ぞよ！
ワッショイ!

楽器《がっき》を選《えら》ぼう！

オレは やっぱギターだわ！
ロック！
でっけ！
それ 大人用《おとなよう》じゃない？
練習《れんしゅう》 できないことも ないのですが…。
たしか このあたりに 子《こ》ども用《よう》が…
ガン
ゴソ
ガサ
あったぁ！
ババン
えーっ？ ギターは ないのかよぉ…。
ごめ～ん！ いつもはあるの ぢゃが今《いま》は 子《こ》ども用《よう》はこれ しかなくてのう…。
ハハー
ガラクタ ばっかだし…！
ピープー

自分《じぶん》に合《あ》う楽器《がっき》はどれかな？

自分《じぶん》が好《す》きな楽器《がっき》を選《えら》んでみよう。「好《す》き」の中身《なかみ》はなんでもいいんだよ！

楽器《がっき》選《えら》びも「なんとなく」の直感《ちょっかん》が大事《だいじ》だよ！

最初《さいしょ》から一《ひと》つの楽器《がっき》だけに決《き》める必要《ひつよう》はありませんよ。「音《おと》が出《だ》せない！」などうまくいかなかったら，いろいろ試《ため》してみるのもアリ。まずはさわって音《おと》を出《だ》してみましょう。

ハーモニカを吹《ふ》くロックンローラーもいますよ。
じゃオレはそれで！
運動《うんどう》が得意《とくい》ならたいこなんてどうぢゃ？
なるほどね。
たいこならあたいが教《おし》えてあげるよ！
ヨロシクオネガイシマス…
ロクローくんには私《わたし》がお教《おし》えしましょう。
みんなーっ！大変《たいへん》よーっ！
タタ－
どしたんぢゃ？
天歩《てんぽ》くんが…！天歩《てんぽ》くんが！
発表会《はっぴょうかい》へのあまりの緊張《きんちょう》に…！
立《た》ったまま気絶《きぜつ》しちゃってるのよぅ！
ブクブクブク
ブクブクブク
………。

天歩《てんぽ》くん!
あっ!
よいしょ…
こやつは我《わ》が輩《はい》があずかっておく…。
悪《わる》いようにはせん…
さらばだ…!
ウハハハハ…
カツーン…
コツーン…
くらぁ! 天歩《てんぽ》くんをどこに連《つ》れてく気《き》よ!!
さらばじゃねーっ!!
まあ、ウニ男《お》くんと一緒《いっしょ》なら大丈夫《だいじょうぶ》でしょう。
ああ見《み》えて真面目《まじめ》なヤツだからさ!
あいつにはあいつの考《かんが》えがあるんだろ。
はあ…
音楽《おんがく》に対《たい》する情熱《じょうねつ》もウニ一倍《いちばい》あるし!
心配《しんぱい》ないぞよ!
ウニ一倍《いちばい》…

ひとまず みなさんは 各自《かくじ》の楽器《がっき》を 練習《れんしゅう》しましょう。
先《さき》ほどの楽器《がっき》と 楽譜《がくふ》とお手本《てほん》が 入《はい》ったCD《シーディー》を お渡《わた》しします。
今日《きょう》は おうちに帰《かえ》って 自主練習《じしゅれんしゅう》と いうことで!
おぉ〜
私《わたし》も?
カメの おんがく
たいこは…?
あとで別《べつ》のバッグで 渡《わた》すよ!
まずは お手本演奏《てほんえんそう》を よーく聞《き》いて 正確《せいかく》なメロディを 覚《おぼ》えましょう!
次《つぎ》に1音《おん》ずつ 音《おと》を出《だ》せるように 反復《はんぷく》しましょう!
カララ…
Lv1 ド・ド・ド…と音《おと》を出《だ》す!
レベルアップ できるようになった!!
Lv2 ド・レ・ド・レ…と音《おと》を出《だ》す!
レベルアップ できるようになった!!
この積《つ》み重《かさ》ねでスムーズに 音《おと》を出《だ》せるようになる!!
楽譜《がくふ》なんて 読《よ》めないよー?
最初《さいしょ》はそれで 構《かま》わないさ!
ドとかレとか…
とりあえず今《いま》は 楽器《がっき》とふれ合《あ》い 楽器《がっき》と仲良《なかよ》く なるのぢゃ!
そうすればもっと 楽《たの》しいぞよ!
楽器《がっき》と 仲良《なかよ》く…。

楽器《がっき》と仲良《なかよ》くなろう！

とりあえず楽器《がっき》にさわってみる

楽器《がっき》のどの部分《ぶぶん》をどうさわればどんな音《おと》が出《で》るのかを，いろいろ試《ため》して実際《じっさい》に体験《たいけん》しよう。

楽器《がっき》でものまね !?

あこがれのミュージシャンになりきって，楽器《がっき》を演奏《えんそう》するふりをして遊《あそ》んでみよう！　「こんなふうに演奏《えんそう》したい！」というイメージを持《も》つことはとても大《たい》切《せつ》なんだよ。

楽譜《がくふ》なしで演奏《えんそう》してもいい！

必《かなら》ず楽譜《がくふ》がある曲《きょく》を練習《れんしゅう》しなくちゃいけないというルールはないよ。すぐできる曲《きょく》，好《す》きな曲《きょく》で演奏《えんそう》を楽《たの》しもう。もし演奏《えんそう》してみたい曲《きょく》ができたら，耳《みみ》で聞《き》いた感《かん》じをまねしてみよう！

どんどん音《おと》を出《だ》して，楽器《がっき》と仲良《なかよ》くなろう！

翌日《よくじつ》…
キーンコーン
カーンコーン
ではみなさん、さようなら〜。
さようなら！
天歩《てんぽ》くんは？
先《さき》にカメのとこに行《い》っちゃったぜ？
プー♪
ハーモニカ持《も》ち歩《ある》いてんだ？
ああ…
楽器《がっき》と仲良《なかよ》くしろって言《い》われたろ？
プー♪
プリプリ
プー♪
※ハーモニカがぬれたらきちんとふいてね！
風呂《ふろ》もトイレも？
だからコイツとは風呂《ふろ》もトイレも寝《ね》るときだって一緒《いっしょ》さーっ！
ハッハー
さーっ！オレたちもそろそろ行《い》こうぜーっ！
あの子《こ》たち…
キラッ
最近放課後《さいきんほうかご》にどこ行《い》ってるのかしら…？
カメのとこ？

楽譜《がくふ》を解読《かいどく》しよう！

楽譜《がくふ》には
たくさんの情報《じょうほう》が
つまっているぞよ！

休符《きゅうふ》
これは4《し》分《ぶ》休符《きゅうふ》。1拍《ぱく》休《やす》むよ。

I《アイ》 won《ワン》 - der《ダー》 what《ワット》 you《ユー》 are.
a《ア》 dia《ダイア》 - mond《モンド》 in《イン》 the《ザ》 sky.
デクレッシェンド
I《アイ》 won《ワン》 - der《ダー》 what《ワット》 you《ユー》 are.

歌詞《かし》
音符《おんぷ》の下《した》に書《か》かれているよ。

ブレス
息《いき》つぎをするところだよ。

音符《おんぷ》
音《おと》の高《たか》さと長《なが》さを表《あらわ》しているよ。
♩＝4《し》分《ぶ》音符《おんぷ》＝1拍《ぱく》
𝅗𝅥＝2分《ぶ》音符《おんぷ》＝2拍《はく》

強弱記号《きょうじゃくきごう》
・クレッシェンド（だんだん強《つよ》く）
・デクレッシェンド（だんだん弱《よわ》く）

リピート記号《きごう》
曲《きょく》の最初《さいしょ》（または ‖: の記号《きごう》）まで戻《もど》ってくり返《かえ》すよ。

※ 18 世紀《せいき》のフランスの流行歌《りゅうこうか》が原曲《げんきょく》で，ここに掲載《けいさい》した歌詞《かし》は，
イギリスの詩人《しじん》ジェーン・テイラーによるものです。

きらきらぼし

速度記号《そくどきごう》
1分間《ぷんかん》に4《し》分《ぶ》音《おん》符《ぷ》（1拍《ぱく》）が80回《かい》鳴《な》るぐらいの速《はや》さということを表《あらわ》しているよ。

強弱記号《きょうじゃくきごう》
これは「メゾ・ピアノ」と読《よ》み，「やや弱《よわ》く」という意味《いみ》だよ。

♩=80
mp
Twin《トゥイン》 - kle《クル》, twin《トゥイン》 - kle《クル》, lit《リ》 - tle《トゥル》 star《スター》,

拍子記号《ひょうしきごう》
何拍子《なんびょうし》の曲《きょく》かを表《あらわ》す記号《きごう》だよ。これは「4分《ぶん》の4拍子《びょうし》」。4《し》分《ぶ》音《おん》符《ぷ》（1拍《ぱく》）が1小節《しょうせつ》に4つ入《はい》るという意味《いみ》だよ。

楽譜《がくふ》は左《ひだり》から右《みぎ》に読《よ》むよ。

Up《アップ》 a《ア》 - bove《バヴ》 the《ザ》 world《ワールド》 so《ソウ》 high《ハイ》,

ト音記号《おんきごう》
高音部《こうおんぶ》であることを示《しめ》す記号《きごう》だよ。低音《ていおん》部《ぶ》はへ音記号《おんきごう》（𝄢）で表《あらわ》すよ。

クレッシェンド

Twin《トゥイン》 - kle《クル》, twin《トゥイン》 - kle《クル》, lit《リ》 - tle《トゥル》 star《スター》,

音符《おんぷ》に「ド，レ，ミ…」とふりがなをふったり，注意《ちゅうい》するところを書《か》きこんだりしてもいいんですよ！

アー
アー
なぜボクだけ呼《よ》び出《だ》されたのでしょう…？
我《わ》が輩《はい》がウニだったころの話《はなし》だ…。
貴様《きさま》の母《はは》美糸《びいと》は…
早《はや》めに…
不覚《ふかく》にも高波《たかなみ》で岸《きし》に打《う》ち上《あ》げられた我《わ》が輩《はい》を…
ザッパァ
無念《むねん》…
ウニってキラーイ！
ポヨイ
！
理住《りずむ》 美糸《びいと》(天歩《てんぽ》の母《はは》)
当時《とうじ》小学《しょうがく》3年生《ねんせい》
海《うみ》に返《かえ》してくれたのだ…。
天然《てんねん》もののウニたるもの受《う》けた恩《おん》を返《かえ》さぬわけにはいかぬ…！
恩《おん》って…！どうやって返《かえ》すつもりさ!?
メラメラメラメラメラメラ…
発表会《はっぴょうかい》で美糸《びいと》に貴様《きさま》の勇姿《ゆうし》を見《み》せつけるのだ！
ドン
また気絶《きぜつ》
ずーーん…

早速《さっそく》リコーダーの練習《れんしゅう》だ。
手本《てほん》を見《み》せてやるからその通《とお》り吹《ふ》け。
そんなむちゃな…!
うまっ…!
!
くっ…! 何《なん》だ!? この歌声《うたごえ》は…!
我《わ》が輩《はい》の笛《ふえ》の音《おと》が押《お》されている…!
ピー
ピー
せ…先生《せんせい》!
ラ〜 ラ〜
なにやらすごいコンビが誕生《たんじょう》してしまった…!
ピーヒョロ
ピーヒョロ

気《き》持《も》ちよく歌《うた》うには

もとの歌《うた》をよく聞《き》く

何度《なんど》も聞《き》いて歌詞《かし》とメロディーを覚《おぼ》えておこう。そうすれば，自信《じしん》を持《も》って楽《たの》しく歌《うた》えるよ。

伴奏《ばんそう》やほかの人《ひと》の声《こえ》をよく聞《き》く

リズムや音程《おんてい》がズレていないか，ほかの人《ひと》の声《こえ》が聞《き》こえないぐらい大声《おおごえ》になっていないか，意識《いしき》するようにしよう。声《こえ》を出《だ》すことと同《おな》じくらい，聞《き》くことは大事《だいじ》だよ。

言葉《ことば》の初《はじ》めをはっきり歌《うた》う

歌詞《かし》（言葉《ことば》）のいちばん初《はじ》めの部分《ぶぶん》をはっきりと歌《うた》うようにしよう。そうすれば，聞《き》く人《ひと》にも歌詞《かし》の内容《ないよう》がよりよく伝《つた》わるよ。息《いき》つぎする場所《ばしょ》も決《き》めておくといいね。

歌詞《かし》のイメージを思《おも》いえがく

どんな内容《ないよう》の歌《うた》か，想像《そうぞう》してみよう。歌詞《かし》に合《あ》わせて，大《おお》きな声《こえ》で歌《うた》うところ，ささやくように歌《うた》うところなど変《へん》化《か》をつけると，イメージがよりふくらむよ。

自分《じぶん》の体《からだ》が楽器《がっき》！

声《こえ》を出《だ》すために必要《ひつよう》なもの

❶空気《くうき》（息《いき》）

息《いき》をはくときに声《こえ》が出《で》るよ。

❷声帯《せいたい》

歌《うた》のもとになる小《ちい》さな音《おと》を作《つく》る場所《ばしょ》。息《いき》をはくときに振動《しんどう》するんだ。

❸共鳴《きょうめい》（ひびく場所《ばしょ》）

声帯《せいたい》で作《つく》られた音《おと》のもとが口《くち》の中《なか》などでひびいて（共鳴《きょうめい》して）声《こえ》になるよ。

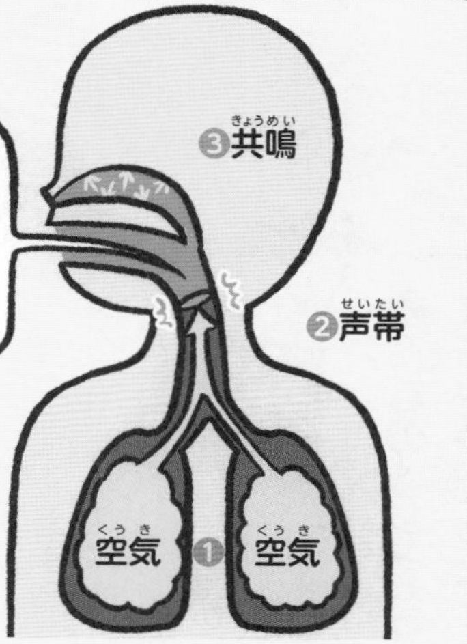

のびのびと歌《うた》うためには，楽器《がっき》になる自分《じぶん》の体《からだ》を整《ととの》えることが大《だい》事《じ》だよ！

深《ふか》く呼吸《こきゅう》をしよう

大《おお》きな声《こえ》を出《だ》すためには，息《いき》がたっぷり必要《ひつよう》だ。ふだんからゆったり，深《ふか》く呼吸《こきゅう》することを心《こころ》がけよう。

体《からだ》をやわらかくして力《ちから》を抜《ぬ》こう

緊張《きんちょう》していたり力《りき》んでいたりすると，呼吸《こきゅう》が浅《あさ》くなってしまうよ。ストレッチなどで体《からだ》をリラックスさせよう。

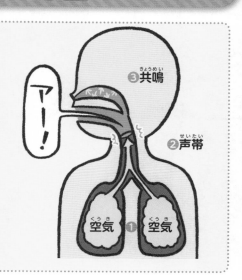

歌《うた》にはすべての音楽《おんがく》の基本《きほん》がつまっているの…
よぉおおおお〜っ!
………っ!
すっごい声量《せいりょう》…。
あれ…?先生《せんせい》!
なんでここに!?
すっごい歌《うた》が聞《き》こえたぞよ♪
みんなの後《あと》をつけてきちゃったのよ〜!
き…貴様《きさま》は一体《いったい》…
ところで!どうして楽器《がっき》の練習《れんしゅう》をしてるのかしら!?
それは発表会《はっぴょうかい》で…
発表会《はっぴょうかい》!?いいわね!合唱《がっしょう》もやりましょう!
いや…それは…
いいじゃないやりましょ!ハイ決定《けってい》!
ところでアナタ!すっごい髪型《かみがた》ねーっ!
ペラ
ペラ
ペラ
ペラ
ペラ
ペラ
合唱《がっしょう》!?
えええええええっ!?
さあみんな!発表会《はっぴょうかい》に向《む》けて練習《れんしゅう》…
よぉおおおお〜っ!
ぞよ〜♪
ズ〜ン…
な…何《なん》なんだ奴《やつ》は…!?

簡単《かんたん》！　ボイストレーニング

簡単《かんたん》な動作《どうさ》や動物《どうぶつ》の鳴《な》きまねで，声《こえ》を出《だ》す練習《れんしゅう》をしてみよう！

準備運動《じゅんびうんどう》！

あくび

口《くち》のおくを大《おお》きく開《ひら》くと，
のども開《ひら》いてリラックスできる！

くちびるブルブル

くちびるの力《ちから》が抜《ぬ》け，
はく息《いき》も安定《あんてい》するよ！
できるだけ長《なが》く続《つづ》けてみよう。

動物《どうぶつ》の鳴《な》きまねでトレーニング！

ネコの鳴《な》きまね

高《たか》い声《こえ》を
出《だ》しやすくなる！

牛《うし》の鳴《な》きまね

低《ひく》い声《こえ》を
出《だ》しやすくなる！

カラスの鳴《な》きまね

ハッキリした声《こえ》を
出《だ》しやすくなる！

カラオケや，音楽《おんがく》の授業《じゅぎょう》で歌《うた》う前《まえ》に試《ため》してみてね。
大《おお》きな声《こえ》がいつもより楽《らく》に出《だ》せるかも!?

ニガテがあっても大丈夫《だいじょうぶ》!

はあ…。
どうしたってんだい?
練習《れんしゅう》に身《み》が入《はい》ってないじゃないか?
トッ
トッ
トッ
だって…ダンスは得意《とくい》だけど歌《うた》は苦手《にがて》なんだもん…。
なるほどねぇ…。
ポロリン♪
!
お兄《にい》ちゃんからだ。
エコー
新曲《しんきょく》ができた。聞《き》いてみたらいい。
エコー
あら!すごいじゃないか!
えーっ?そーお?
人見知《ひとみし》りすぎて部屋《へや》にこもってパソコンばっかりいじってるんだよ?
へーっ!
苦手《にがて》なことを得意《とくい》なことで克服《こくふく》したんだね。
ドゥン♪
ドゥン♪

どういうこと？
お兄《にい》さんに直接《ちょくせつ》聞《き》いてごらんよ。
カー
カー
おにいちゃーん。
ドン
ドン
兄《あに》のへや
おにいさまー。
ポロリン♪
！
え…？
エコー
後《うし》ろだ。何《なん》の用《よう》だ？
お…お兄《にい》ちゃん…！
ドーン
芽呂出《めろで》 恵呼夫《えこお》
ヒビキのお兄《にい》ちゃん
さ…さっきの新曲《しんきょく》…またネットにのせるの？
カカカッ
カッ
当然《とうぜん》だ。これならボクほどの人見知《ひとみし》りでも世界中《せかいじゅう》に音楽《おんがく》を発信《はっしん》できるからな。
エコー
バタンッ！
ポルーン♪
口《くち》で言《い》えないもんかしら…？

「ニガテ」を克服《こくふく》するには？

練習《れんしゅう》が苦手《にがて》…

すぐあきちゃう…。
ティーン…♪
ミュージックスタジオ

場所《ばしょ》や時間帯《じかんたい》を変《か》えてみたら，新鮮《しんせん》な気持《きも》ちで練習《れんしゅう》できるかも！

➡ p.94 ～ 95「やる気《き》アップ大作戦《だいさくせん》！」も見《み》てみてね。

人《ひと》と合《あ》わせるのが苦手《にがて》…

一人《ひとり》のほうが気楽《きらく》…。
ゴ～リラ～の リ～ズム～を♪

一人《ひとり》で楽《たの》しめるのも音楽《おんがく》のいいところ！
人《ひと》と一緒《いっしょ》にやることにこだわらず，思《おも》い切《き》って一人《ひとり》でやってみよう！

ほかの人《ひと》と比《くら》べてしまう…

みんな上手《じょうず》だな…。
たくさん練習《れんしゅう》したから 大丈夫《だいじょうぶ》！

自分《じぶん》のことを振《ふ》り返《かえ》ってみよう。練習《れんしゅう》する前《まえ》と比《くら》べて，今《いま》の君《きみ》はどうかな？
できることが増《ふ》えて，ずっと上手《じょうず》になっているはずだよ！

翌日《よくじつ》
お！なんかふっきれたようだね！
うん！踊《おど》りながらだったら歌《うた》えるかもと思《おも》って！
キュキュ
キュッ
天歩《てんぽ》くんそれ、新《あたら》しいカーディガン？
かかか…かわゆい♥
ジュル…
うん…
母《かあ》さんが編《あ》んでくれたんだけどさ…
苦手《にがて》を得意《とくい》でカバーよ！
キュ
キュ
左右《さゆう》のそでの長《なが》さがちがう…。
母《かあ》さん編《あ》み物苦手《ものにがて》なんだけど…。
で～ん…
前《まえ》よりうまく編《あ》めたわ！
だから良《よ》し！
シャー
お母《かあ》さんポジティブだな…。
キュッ
キュッ

やる気《き》が起《お》きないときは…

お？
しょんぼり…
オイーッス！かなでちゃん！
しょんぼりしてどしたの？
ロクローくん…。
ピンッ♪
もうイヤ。
スーン…
と、いうことがあって…。
小《ちい》さいころから練習《れんしゅう》ばっかり…
なーんだ！そんなことか！

オレなんて全然練習《ぜんぜんれんしゅう》してないぜ？
ロックなノリで何《なん》とかなる…
ムクッ
要《よう》するにサボってるのね…？
私《わたし》がこんなにもなやんでいるのに…
ロクローくんたらサボってるんだぁ…。
フフフ…オカシー…
あ、ロクローとかなでちゃんだ。
何《なに》やらお取《と》りこみ中《ちゅう》のようだけど…
声《こえ》をかけていいものかしらね…。
かなでちゃんビ〜ム
練習《れんしゅう》ってヤツがどーもきらいでさ…
いやー…
ロックンローラーは練習《れんしゅう》なんてしないだろ？
※ロクロー個人《こじん》のイメージです！
んなわけないでしょ。
みんなしてるわよ
ぶっつけ本番《ほんばん》でやるのがロックなのに…。
ぶ〜〜っ
※これもロクロー個人《こじん》のイメージです！

やる気《き》アップ大作戦《だいさくせん》！

どうしてもやる気《き》が出《で》ない日《ひ》を乗《の》り切《き》るコツは何《なん》だろう？

練習時間《れんしゅうじかん》を短《みじか》くする

自分《じぶん》に合《あ》ったペースで練習《れんしゅう》しよう。
大切《たいせつ》なのは毎日《まいにち》コツコツ続《つづ》けること，そして集中《しゅうちゅう》することだよ！

すぐできる目標《もくひょう》を立《た》てる

少《すこ》しがんばればできそうな目標《もくひょう》を立《た》てて，一《ひと》つずつクリアしていこう。
達成《たっせい》できると自信《じしん》につながるよ。

思《おも》い切《き》って曲《きょく》を変更《へんこう》！

楽《たの》しんで取《と》り組《く》めるよう，思《おも》い切《き》って選曲《せんきょく》を変《か》えてみるのもアリ！

ほかのことをやってみる

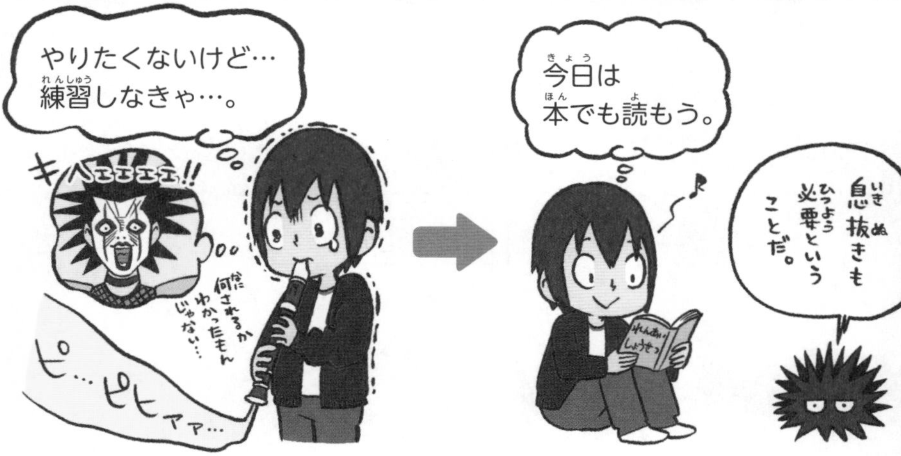

たまには音楽以外《おんがくいがい》のことをやってリフレッシュするのも大切《たいせつ》。
気分転換《きぶんてんかん》したら，また新《あら》たな気持《きも》ちで練習《れんしゅう》に取《と》り組《く》めるかも。

音《おと》を楽《たの》しむからこそ音楽《おんがく》！

楽《たの》しくなければ音楽《おんがく》じゃない!!

やぁ
みんな!
と…父《とう》さん!
な…何《なに》
その髪型《かみがた》…!
音《おと》を楽《たの》しむのが
「音楽《おんがく》」…。
いい言葉《ことば》だな…
音楽《おんがく》をきらいにならない
ことが何《なに》より大切《たいせつ》だよ!
聞《き》けぇ!
その悪魔《あくま》じみた
髪型《かみがた》は何《なん》なのさ!
私《わたし》たちも
発表会《はっぴょうかい》に
出《で》ることに
したのよ!
は?
大学時代《だいがくじだい》のバンドを
再結成《さいけっせい》してね!
THE《ザ》・牛乳《ぎゅうにゅう》ゾーキンズ
ドラム
銅鑼無《どらむ》 三十郎《さんじゅうろう》
ギター
理住《りずむ》 具流武《ぐるうぶ》
ベース
米須《べいす》 国正《くにまさ》
ボーカル
理住《りずむ》 美糸《びいと》
どどん!

っていうか
なんで発表会《はっぴょうかい》のこと知《し》ってんの?
てんぽクーン?
てんぽクーン!
?
ガサ
ゴソ
ああ それはね…。
コレを見《み》たのよ!
カメの発表会《はっぴょうかい》!!
内容《ないよう》:合唱《がっしょう》・合奏《がっそう》
日時《にちじ》:〇月《がつ》×日《にち》
場所《ばしょ》:海岸《かいがん》のカメのとこ
参加者《さんかしゃ》募集中《ぼしゅうちゅう》!!
詳《くわ》しくは赤《あか》
ペラ…
発表会《はっぴょうかい》のチラシ…?
いつの間《ま》にこんなものを…。
てんぽクーン!
はっ!
赤平良先生《あかぺらせんせい》が町中《まちじゅう》に配《くば》ってたよ。
マジで!?
ちょっと!!
天歩《てんぽ》くん今度《こんど》は息《いき》すらしてないわよぅ!!
ワーイ♪

ミュージシャン
亀田誠治《かめだせいじ》

伝説《でんせつ》のエピソード③

その後《ご》、ますますベースにのめりこみ、食事《しょくじ》の時間《じかん》もおしんで1日《にち》に10時間《じかん》くらい練習《れんしゅう》していました。
サンドイッチは手《て》を動《うご》かしながらでも食《た》べられる
もぐ
もぐ
ボーン♪
ボボン
このころから
音楽《おんがく》の道《みち》に進《すす》みたい…！
という思《おも》いが強《つよ》くなります。
レコーディングエンジニア？
ラジオ局《きょく》で働《はたら》く？
音楽《おんがく》の道《みち》って何《なん》だろう…？
ミュージシャン？
亀田青年《かめだせいねん》にとってどれも等《ひと》しく音楽《おんがく》に関《かか》わる仕事《しごと》でした。
音楽《おんがく》を聞《き》きながら仕事《しごと》ができるトラック運転手《うんてんしゅ》？
そう…最初《さいしょ》から作曲家《さっきょくか》や音楽《おんがく》プロデューサーを目指《めざ》していたわけではなかったのです。

大学卒業後《だいがくそつぎょうご》は
音楽《おんがく》スタジオで
アルバイトを
しながら
音楽《おんがく》づけの日々《ひび》。
カメダー！
たいへんそう…
カメダ！
明日《あした》までに
10曲《きょく》
仕《し》上《あ》げて！
ハイ！
しかし、どんなに
いそがしくても
音楽《おんがく》が好《す》きだったので
とにかく楽《たの》しかった
そうです。
そして
25才《さい》のとき…
やったー！
ついに作曲家《さっきょくか》&
編曲《へんきょく》※家《か》デビュー！
その後《ご》も音楽《おんがく》を愛《あい》し
走《はし》り続《つづ》けた結果《けっか》…
日本を代表《だいひょう》する
ミュージシャンに
なりました。
あ！
そうそう！
かつて卒業文集《そつぎょうぶんしゅう》に書《か》いた
武道館《ぶどうかん》ライブの夢《ゆめ》は
かなったのでしょうか？
卒業文集《そつぎょうぶんしゅう》
10年後《ねんご》ではなく
25年後《ねんご》だけど
かないました！
ボ
ボン♪
あきらめず
自分《じぶん》の「好《す》き」を信《しん》じて
コツコツ続《つづ》けていれば
遅《おそ》くても夢《ゆめ》はかないます！
なんと！
やったぜ亀《かめ》ちゃん！
亀田誠治《かめだせいじ》の旅《たび》は
これからも続《つづ》くのです。

カメダ年表《ねんぴょう》 その3

学生時代《がくせいじだい》

- 毎日《まいにち》1日《にち》10時間《じかん》ベースを練習《れんしゅう》！
- バンド活動《かつどう》・専門的《せんもんてき》な音楽《おんがく》の勉強《べんきょう》・楽曲制作《がっきょくせいさく》など、音楽《おんがく》づけの毎日《まいにち》。

大学卒業後《だいがくそつぎょうご》

- 音楽《おんがく》スタジオで働《はたら》きながら曲《きょく》を作《つく》り続《つづ》ける。

25才《さい》

- 作曲家《さっきょくか》・編曲家《へんきょくか》としてデビュー！

以上《いじょう》、亀田誠治《かめだせいじ》 伝説《でんせつ》の
エピソードでした。
おしまい。

※「編曲《へんきょく》」についてはp.111を見《み》てね！

音楽《おんがく》を楽《たの》しむためのルール

音楽《おんがく》や絵《え》，小説《しょうせつ》，映像《えいぞう》など，それらを作《つく》った人《ひと》を守《まも》るために「著《ちょ》作権《さくけん》」という権利《けんり》があるんだ。作《つく》った人《ひと》の許可《きょか》なく勝手《かって》に使用《しよう》すると，著作権法《ちょさくけんほう》という法律《ほうりつ》に違反《いはん》することになるよ！

インターネットで…

録画《ろくが》した音楽番組《おんがくばんぐみ》や DVD《ディーブイディー》の映像《えいぞう》，歌《うた》の歌詞《かし》などを…

✕ 勝手《かって》にアップロード※したら**ダメ**！

※パソコンやスマートフォンなどから，インターネットを通《つう》じて別《べつ》のパソコンやサーバーなどに写真《しゃしん》や動画《どうが》，テキストなどを送信《そうしん》すること。

→ ○ 自分《じぶん》で作《つく》った曲《きょく》や歌詞《かし》をアップロードするのはＯＫ《オーケー》！前《まえ》もっておうちの人《ひと》に確認《かくにん》しよう！

無許可《むきょか》でアップロードされた音楽《おんがく》や映像《えいぞう》を…

✕ 違法《いほう》ダウンロードしたら**ダメ**！

→ ○ 公式《こうしき》サイトやきちんとした配信《はいしん》サイトなどからのダウンロードはＯＫ《オーケー》！

コンサートで…

✕ 許可《きょか》なく録音《ろくおん》・録画《ろくが》したら**ダメ**！

くわしくはこちらも見《み》てほしいんじゃ。

4 章《しょう》

オリジナル曲《きょく》を作《つく》ってみよう

自分《じぶん》だけのオリジナル曲《きょく》を作《つく》ろう!

秘宝《ひほう》!?
キラリーーン
開《あ》けるためにはカギが必要《ひつよう》なのですが…。
そのカギというのが…
プリーン
新鮮《しんせん》な音符《おんぷ》なのです!
し…新鮮《しんせん》な音符《おんぷ》!?
じゃあそのヒモは何《なん》なの?
オリジナル曲《きょく》を作《つく》ったときなどに手《て》に入《はい》る出来《でき》たての音符《おんぷ》のことです。
このヒモはかざりです
わーっ!オリジナル曲《きょく》!
ナイスアイデア!
発表会《はっぴょうかい》で演奏《えんそう》したらぜーったい盛《も》り上《あ》がるのぢゃ!
オリジナル曲《きょく》って言《い》われてもなー…。
作詞《さくし》・作曲《さっきょく》するってことでしょ?
そんなのやったことないよ…。
ウッヒョー!
フッフー♪
テンション爆上《ばくあ》がりなのぢゃ!
聞《き》いちゃいねー人《ひと》

オリジナル曲《きょく》を作《つく》るには

※ここで紹介《しょうかい》する作《つく》り方《かた》は一例《いちれい》です。

テーマを決《き》めよう！

何《なに》についての曲《きょく》にするか，最初《さいしょ》に大《おお》まかなテーマを決《き》めておくと進《すす》めやすいよ。

例《れい》 友《とも》だちのこと
学校《がっこう》のこと
ペットのこと　など

学《がっ》校《こう》
友《とも》だち
ペット
好《す》きな食《た》べ物《もの》

はじめは身近《みぢか》な内容《ないよう》のものが作《つく》りやすいぞよ！

うまくいかなかったら途中《とちゅう》でテーマを変《か》えてもいいんですよ。

メロディーと歌詞《かし》を考《かんが》えよう！

メロディーを作《つく》ったり（➡ p.108），テーマに沿《そ》って歌詞《かし》を書《か》いたり（➡ p.114）していこう。

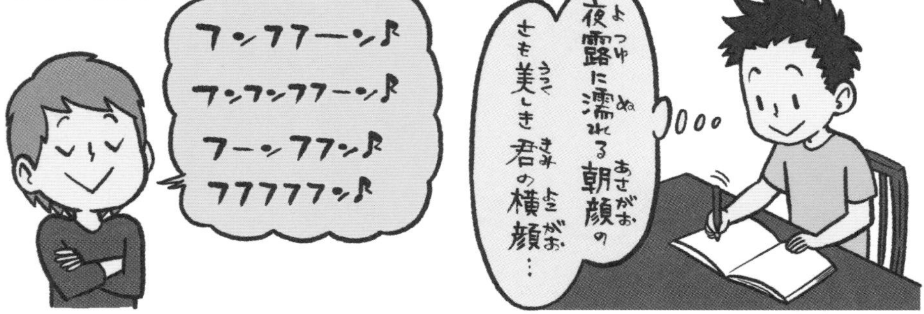

フンフフーン♪
フンフンフフーン♪
フーンフフン♪
フフフフフン♪
夜露《よつゆ》に濡《ぬ》れる朝顔《あさがお》の
さも美《うつく》しき君《きみ》の横顔《よこがお》…

メロディーと歌詞《かし》，どちらが先《さき》でもいいよ。難《むずか》しく考《かんが》えず，できそうなものから気楽《きらく》に始《はじ》めてみよう！

オリジナル曲《きょく》のいいところ

自由《じゆう》に表現《ひょうげん》できる！

メロディーも歌詞《かし》も，自分《じぶん》の好《す》きなように作《つく》れるから，表《ひょう》現《げん》のはばは無限大《むげんだい》！　楽器《がっき》だって自由《じゆう》に選《えら》べるよ。

言葉《ことば》では言《い》いにくいことを伝《つた》えられる！

恥《は》ずかしかったり照《て》れくさかったり，ふだんはなかなか言《い》えないことも，歌《うた》にすれば伝《つた》えられるかも！　君《きみ》の気持《きも》ちをオリジナル曲《きょく》にこめてみよう！

さっそく始《はじ》めよう！ 準備《じゅんび》するもの

❶筆記用具《ひっきようぐ》とノート

思《おも》いついた歌詞《かし》やアイデアを書《か》きとめよう。あとで見返《みかえ》すのに便利《べんり》だよ。

❷録音《ろくおん》できる機械《きかい》

思《おも》いついたメロディーを忘《わす》れないうちに録音《ろくおん》しよう！　小《ちい》さなレコーダーやスマホの録音機能《ろくおんきのう》を使《つか》うのが手軽《てがる》。

ピアノを習《なら》ったことがある人《ひと》は，五線《ごせん》※を使《つか》ってみてもよいぞ！

※音符《おんぷ》を記入《きにゅう》して楽譜《がくふ》を書《か》くための５本《ほん》１組《くみ》の線《せん》。

ところで秘宝《ひほう》って何《なに》?
知《し》りたいですか?
知《し》りたい!
じゃあ オリジナル曲《きょく》を作《つく》ってください。
エー…。
ひえ〜
別《べつ》に無理《むり》にとは言《い》いませんよ。
そんなイヤな顔《かお》しなくても…
とてもとても大切《たいせつ》な秘宝《ひほう》が取《と》り出《だ》せないだけですから。
そう…とてもとても大切《たいせつ》な…
とてもとて…ぐっ!
ぐすっ…
わかったわよ! やってやろうじゃないの!
ウソ泣《な》きやめなさい!
やったー!
目薬《めぐすり》…?
いいのかおい…。
あれで…
なんか…うまいこと丸《まる》めこまれたような…。

タマテBOX《ボックス》のヒミツ

セージが小学生《しょうがくせい》のころに
おじいちゃんからもらった。

セージの宝物《たからもの》が入《はい》って
いるらしい。

とても頑丈《がんじょう》。

ギャ ギャ ギャ
ギャ

ヒモはただのかざり。
昆布《こんぶ》でできている。

そこらへんに置《お》いて
おいたら，郵便物《ゆうびんぶつ》とかを
上《うえ》に置《お》いちゃってた。

そーゆーことってあるよね!

そんなこんなで数十年間《すうじゅうねんかん》
忘《わす》れ去《さ》られていた。

こんなとこに!!

じゃー早速《さっそく》メロディーを作《つく》ってみようかの！
まずはさっき教《おし》えたようにテーマを決《き》めようぞ！
テーマねぇ…。
身近《みぢか》なものがいいんだったよな。
家族《かぞく》…学校《がっこう》…友《とも》だち…。
友《とも》だち…天歩《てんぽ》くん…！
テーマかぁ…
友《とも》だちというお題目《だいもく》で天歩《てんぽ》くんへの愛《あい》を歌《うた》えば…
いくら鈍感《どんかん》な天歩《てんぽ》くんでも私《わたし》の気持《きも》ちに気《き》づくはず…！
ウフフフフフ…
天歩《てんぽ》くんにささげるラブソング…♥
ありがとう！かなでちゃん！お礼《れい》に結婚《けっこん》しない？
するー
たまらん…
たまらんなぁ…
テーマは「発表会《はっぴょうかい》」にしましょう！
今度《こんど》の発表会《はっぴょうかい》のテーマソングということで！
ハネムーンはハワイねー♥
ヒーッヒッヒッ♥

メロディーを作《つく》ってみよう

鼻歌《はなうた》から始《はじ》めよう！

楽器《がっき》がなくてもいい！　鼻歌《はなうた》で作曲《さっきょく》するプロのミュージシャンもいるんだよ。

短《みじか》くていい！

最初《さいしょ》から長《なが》い曲《きょく》を作《つく》ろうとしなくていいよ。１フレーズだけでも立派《りっぱ》な曲《きょく》だ！

何《なに》かに似《に》ていてもいい！

最初《さいしょ》はだれかの曲《きょく》に似《に》ていても，そのうち自分《じぶん》だけの「味《あじ》」が出《だ》せるようになるよ！

どんな楽器《がっき》を使《つか》ってもいい！

学校《がっこう》で習《なら》った楽器《がっき》や，家《いえ》にある楽《がっ》器《き》，どんなものを使《つか》っても音楽《おんがく》は作《つく》れる！　パソコンの音楽《おんがく》ソフトも楽《がっ》器《き》の一種《いっしゅ》だよ。

友《とも》だちと遊《あそ》びながら歌《うた》ってみたり，一人《ひとり》ふとんの中《なか》で歌《うた》ってみたりするうちに，名曲《めいきょく》が生《う》まれるかもしれないよ！

ウズメ流《りゅう》 作曲術《さっきょくじゅつ》

最初《さいしょ》はド・レ・ミの３音《おん》だけ使《つか》ってみよう！

友《とも》だちと交代《こうたい》で１フレーズずつ歌《うた》いながらつなげていくと，
どんどん曲《きょく》ができていくよ！

慣《な》れてきたら，次《つぎ》はファも使《つか》ってみよう！

使《つか》う音《おと》を１つずつ増《ふ》やしていくと，
いろいろなふんいきのメロディーができあがるよ！

メロディーを進化《しんか》させるには…

- 手拍子《てびょうし》しながら歌《うた》ってみる。
- 音《おと》をのばしたり，
  短《みじか》く切《き》ったりしてみる。

などなど…

ここで紹介《しょうかい》した方法《ほうほう》以外《いがい》にも
いろいろなやり方《かた》があるぞよ！

かなで！ちょっと伴奏《ばんそう》してみて！
う…うん。
じゃ！もう1回《かい》頭《あたま》から！
さん、ハイ！
ドレミ♪ミレド♪
ん～…。
姫《ひめ》…どうしたと言《い》うのだ？
メロディーにもう一味《ひとあじ》加《くわ》えたいなと思《おも》って。
ポリポリ
なるほどな…。
あ！うちのお兄《にい》ちゃんそういうの得意《とくい》かも。
ちょっと待《ま》ってね…。
くエコー
お兄《にい》ちゃん編曲《へんきょく》※ってできる？
ヒビキ
スポン♪
※歌《うた》のメロディー（主旋律《しゅせんりつ》）以《い》外《がい》の部分《ぶぶん》（前奏《ぜんそう》や伴奏《ばんそう》）を作《つく》ったり，使《つか》う楽器《がっき》やリズムを決《き》めたりして，曲《きょく》のイメージを作《つく》り，曲《きょく》を仕上《しあ》げること。
もう返事《へんじ》きた！
ポルン♪
くエコー
ボクならあっという間《ま》にできるに決《き》まってる。
エコー
そして若干《じゃっかん》ムカつく…。

なんだかいい曲《きょく》ができそうじゃないか。
せっかくだからリュウグーンランドのみなさんも発表会《はっぴょうかい》に招待《しょうたい》しましょう!
インターネットで全世界《ぜんせかい》に中継《ちゅうけい》も!
いいいいいっ……!
もはやフェスレベルだな!
そんな大《おお》がかりなことできるの?
そりゃ王様《おうさま》がひと声《こえ》かけりゃ一発《いっぱつ》さ!
王様《おうさま》…?
だれが?
私《わたし》です。
え…?
わ・た・しです!
私《わたし》、リュウグーンランドの王様《おうさま》ですよ?
キリッ
えええ!?
パリョ〜ン
あれ?言《い》ってませんでしたっけ?

先日《せんじつ》もお伝《つた》えした通《とお》り…今《いま》、リュウグーンランドはピンチなのです。
トコトコトコ
コロン!
トコ
そのピンチを打開《だかい》すべく姫《ひめ》と一緒《いっしょ》に人間界《にんげんかい》に音楽教室《おんがくきょうしつ》を開《ひら》くのが今回《こんかい》のプロジェクトだったわけです。
トコトコ
トコトコ
トコトコ
トコトコ
トコトコ
姫《ひめ》って？そんな人《ひと》いたっけか？
ストン!
姫《ひめ》？
あたしゃちがうよぉ。
ヤダねぇ!この子ったら!
もしかして…
ヒョコッ!
姫《ひめ》？
我《わ》が輩《はい》なわけなかろう…。
じつは…
……………。
モジモジィ
ちがうか。
シラ〜
わらわがお姫様《ひめさま》なんぢゃて!
待《ま》ってたもれぇぇ…
う
あ
あ
あ
あ

王様《おうさま》にお姫様《ひめさま》…
世界中《せかいじゅう》にネット中継《ちゅうけい》…。
王様《おうさま》ワーッショイ
王様《おうさま》ワーッショイ
どんどんどんどん話《はなし》が大《おお》きくなっていく…。
はあ…
何《なん》だ貴様《きさま》…またビビっているのか…？
いや…もうあきらめたよ。「まな板《いた》の鯉《こい》」ってヤツですよ。
ふぅ…
まな板《いた》？コイ？何《なん》の話《はなし》だ？
？？
そっか…ウニは鯉《こい》を知《し》らないか…。
鯉《こい》
！
ウニ
主《おも》な生息地《せいそくち》 川《かわ》・池《いけ》など
主《おも》な生息地《せいそくち》 海《うみ》
かくかくしかじかで…。
なるほどな！
キュピーン
サヨナラ…
つまりコイという川魚《かわざかな》がつり上《あ》げられてまな板《いた》の上《うえ》でさばかれるのを待《ま》つばかりという心情《しんじょう》なわけだな!?
ポムリ
ずいぶん長《なが》いけど…
まあそういうことだね。
想像力《そうぞうりょく》豊《ゆた》かね…

貴様《きさま》なかなかやるではないか！
そんな趣《おもむき》のある言《い》い回《まわ》しを知《し》っているとはな！
そ…それはほめてくれてるの？
姫《ひめ》！喜《よろこ》べ！
コヤツには作詞《さくし》の才能《さいのう》があるやもしれんぞ！
ウニ男《お》のテンションがこんなにも上《あ》がってるなんてめずらしいのぢゃ！
そういうことなら天歩《てんぽ》に作詞《さくし》をたのむのぢゃ！
え…!? さ…作詞《さくし》!?
作詞《さくし》なんてできないよ！
案《あん》ずるな！
はじめは難《むずか》しい言葉《ことば》など使《つか》わんでいい！
短《みじか》くてもいい！
貴様《きさま》の思《おも》いのたけを存分《ぞんぶん》に発揮《はっき》するがいい！
いちいちおっかないんだよな…この人《ひと》…。
ウニか…

歌詞《かし》の書《か》き方《かた》　その①　材料《ざいりょう》を集《あつ》めよう！

「感動《かんどう》したこと」を思《おも》い出《だ》してみる

最近《さいきん》うれしかったこと，悲《かな》しかったこと，くやしかったことなど，「心《こころ》が動《うご》いた」ことは何《なに》かな？　思《おも》い出《だ》してノートにどんどん書《か》き出《だ》してみよう！

日記《にっき》や作文《さくぶん》を読《よ》み返《かえ》してみる

すぐに言葉《ことば》が思《おも》いうかばないときは，自分《じぶん》の日記《にっき》や作文《さくぶん》を読《よ》み返《かえ》してみよう。前《まえ》に自分《じぶん》が書《か》きとめた言葉《ことば》から，何《なに》かヒントが見《み》つかるかもしれないよ。

友《とも》だちと遊《あそ》びながらやってみる

だれかと一緒《いっしょ》にゲーム感覚《かんかく》でやってみるのも楽《たの》しいよ。しりとりや連想《れんそう》ゲームで，遊《あそ》びながらいろいろな言葉《ことば》を出《だ》し合《あ》ってみよう。

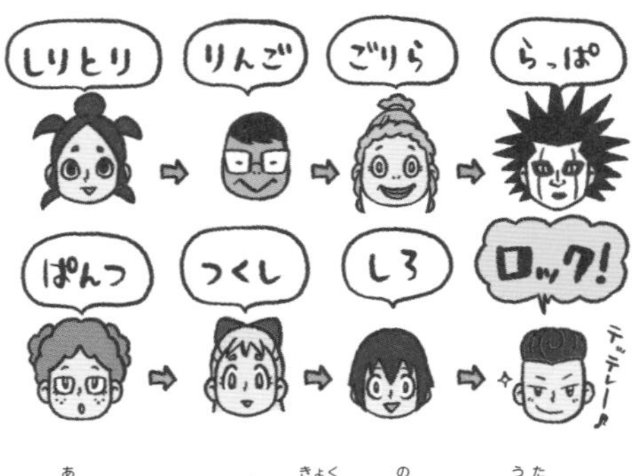

材料《ざいりょう》が集《あつ》まったら，それを組《く》み合《あ》わせながら曲《きょく》に乗《の》せて歌《うた》ってみよう！

歌詞《かし》の書《か》き方《かた》 その❷ 材料《ざいりょう》を組《く》み立《た》てよう！

❶ 集《あつ》めた材料《ざいりょう》の中《なか》から「イチオシ！」を選《えら》ぶ

最初《さいしょ》に決《き》めたテーマに合《あ》わないものや，あまりピンとこないものは，思《おも》い切《き》ってはずしてしまおう。

❷「イチオシ！」をつなげていく

材料《ざいりょう》をつなげながら，さらに言葉《ことば》を足《た》してみよう。くり返《かえ》したり，言葉《ことば》以外《いがい》の音《おと》を付《つ》け加《くわ》えたりしてみると，グッと歌詞《かし》っぽくなるよ。

❸ メロディーに乗《の》せて歌《うた》ってみる

メロディーに乗《の》せて実際《じっさい》に歌《うた》ってみよう！　歌《うた》いにくいところや，歌詞《かし》の文字数《もじすう》が合《あ》わないところは，書《か》き直《なお》してもいいんだよ。

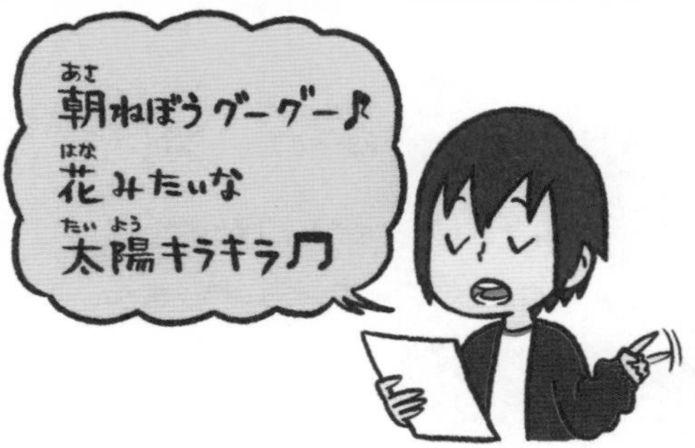

正解《せいかい》はないので自由《じゆう》に書《か》いてみよう！　ただし，だれかを傷《きず》つける言《こと》葉《ば》や，自分《じぶん》が言《い》われたらいやな言葉《ことば》は，使《つか》わないよう気《き》をつけようね。

できた！
では早速《さっそく》メロディーに合《あ》わせてみようぞ！
ボクはピラフ…が…
あ…あれ？
とても歌《うた》いづらい！
ピッ
ふむ…。
文字数《もじすう》がメロディーに合《あ》ってないんじゃな…。
ならばメロディーに合《あ》わせて書《か》きかえてみろ。
カラララ
例《れい》：ボクはピラフが大好《だいす》きです。
特《とく》にエビピラフが好《す》きです。
ボクはピラフが大好《だいす》きです。
特《とく》にエビピラフが好《す》きです。
ボクはピラフ大好《だいす》きさ！
愛《あい》しているんだエビピラフ！

ボクは♪
ピラフ♪
大《だい》好《す》きさ♪
愛《あい》しているんだ
エビピラフ♫
歌《うた》いやすい！
ウハハハハハハ！
そうだろう!?
さすがは
ウニ男《お》ぢゃ！
キィーキキキ！
もっとほめろ！
我《わ》が輩《はい》をほめろ！
ドドドド
よっ！
大統領《だいとうりょう》！
何《なに》か聞《き》こえ
ない…？
不気味《ぶきみ》な
声《こえ》が…。
ケーッケッケ！
カメフェ
フェス会場《かいじょう》 設営中《せつえいちゅう》

作《つく》った曲《きょく》をどうやって発表《はっぴょう》する？

自分《じぶん》たちで作《つく》った曲《きょく》をだれかに聞《き》いてもらうには？

ライブで発表《はっぴょう》する

発表会《はっぴょうかい》などのステージで，観客《かんきゃく》の目《め》の前《まえ》で実際《じっさい》に演奏《えんそう》する。緊張《きんちょう》するけれど，反応《はんのう》がすぐにくるし，プロになった気分《きぶん》を味《あじ》わえるよ！

インターネットで発表《はっぴょう》する

あらかじめ録画《ろくが》や録音《ろくおん》をしたものをネットで世界中《せかいじゅう》に発信《はっしん》することもできるよ！　気《き》に入《い》ってくれた人《ひと》からコメントがくるかも!?

発表《はっぴょう》しなくても，自分《じぶん》だけで楽《たの》しんだっていいよね。

曲《きょく》を発表《はっぴょう》する前《まえ》に準備《じゅんび》しよう！

曲《きょく》のタイトル

楽譜《がくふ》や歌詞《かし》カード

グループで演奏《えんそう》するときには，あると便利《べんり》だよ。

5章《しょう》

音楽《おんがく》を通《とお》して育《そだ》つ力《ちから》

フェスまであと… 1週《しゅう》間《かん》!!
合奏《がっそう》…。
パー♪
プー♪
トコ
トコ
トコ♫
ピン
ポロ
ピン
ポロ♪
合唱《がっしょう》…。
ピラフ大好《だいす》きさ♪
それぞれ自分《じぶん》の思《おも》いを胸《むね》に…
来《き》たる本番《ほんばん》に向《む》け練習《れんしゅう》するのであった…。
…のぢゃ。
ハイみなさん ストップ! ストーップ!
いったん止《と》めて~。
ウニ男《お》くんがステージのデザイン模型《もけい》を作《つく》ってくれましたよ!
ふん…!
照《て》れてる
カメフェス
おお~っ! すっげ~!
この教室《きょうしつ》がステージになるんだね!

せっかくだし振《ふ》り付《つ》けを取《と》り入《い》れてみよーよ！
フリ
フリ
いいじゃないか！
衣装《いしょう》もビシッと決《き》めたいところだねぇ！
歌《うた》い方《かた》も歌詞《かし》に合《あ》わせて変《か》えてみたらどうかな？
いいですね！いろいろなアイデアが…
ピラフに合《あ》わせた歌《うた》い方《かた》ってどんなのだよ!?
そんなの…！おいしそうな感《かん》じだよ…！
オレはピラフをおいしそうと思《おも》わねえし！
ピラフきらいだし！
チャーハンのほうが好《す》きだし！
はあ!?
カチン！
チャーハンとピラフを一緒《いっしょ》にするなし！
プリィィィィィ！
別《べつ》に一緒《いっしょ》にしてねえし。
ほじっ
やんのか？あん？
ま…まあまあ！
とにかく考《かんが》えてみようぞ！

音楽《おんがく》を伝《つた》えるために…

曲《きょく》を演奏《えんそう》したり発表《はっぴょう》したりするとき，きみはどんなことを意識《いしき》しているかな？

だれかにささやくように
歌《うた》ってみよう…

ここは
力強《ちからづよ》く弾《ひ》くわ！

曲《きょく》のふんいきに
合《あ》わせた衣装《いしょう》を着《き》よう！

ここでステップを
ふんでみよう！

音楽《おんがく》を伝《つた》える工夫《くふう》をすることで…

「伝《つた》えたい」という
気持《きも》ちが大事《だいじ》ですよ！

表現力《ひょうげんりょく》が身《み》につく！

今度《こんど》は踊《おど》り？
ただでさえ楽器《がっき》と歌《うた》の練習《れんしゅう》があるのに…。
やれやれ…
もーっ！わがままばっかり！
私《わたし》はピアノが弾《ひ》けるしかわいいからいいんですぅ～。
踊《おど》らなくとも…
イライライライラ
イライラ
うーわ！ムカつく！
かわいさはカンケーねーだろ！
そもそも何《なん》でピラフが発表会《はっぴょうかい》のテーマソングなんだ！
全然《ぜんぜん》ロックじゃねえし！
ギャー
ギャー
まーた始《はじ》まった！
ロックが何《なに》かもわからないくせに！
ポカ
ポカ
ポカ
ピ～ッ！
ちょ…ちょっとみなの衆《しゅう》…！
絶交《ぜっこう》だ!!
たたた…大変《たいへん》ぢゃあ…！
どーしよー…
フェスまで時間《じかん》がありませんのに…！

フェスまであと…3日《みっか》!!
キーンコーン
カーンコーン
理住《りずむ》くん！
発表会《はっぴょうかい》の練習《れんしゅう》はどう？
先生《せんせい》…。
ボクはもう発表会《はっぴょうかい》に出《で》るのやめたんだ。
ほかの3人《にん》とは絶交《ぜっこう》したしね。
何《なん》ですって!?
音楽室《おんがくしつ》
なるほど…
そんなことが…。
きっとみんな発表会《はっぴょうかい》が近《ちか》いからピリピリしてたのね…。
人《ひと》と一緒《いっしょ》に何《なに》かに取《と》り組《く》むのって大変《たいへん》だもの…。

協《きょう》調《ちょう》性《せい》が生《う》まれる！

人《ひと》と一緒《いっしょ》に取《と》り組《く》むことで…

合唱《がっしょう》・合奏《がっそう》などで，だれかと一緒《いっしょ》に一《ひと》つの曲《きょく》を作《つく》り上《あ》げると，どんな体験《たいけん》ができるだろう。

みんなで音《おと》を合《あ》わせるので…

一体感《いったいかん》を得《え》られる！

ほかの人《ひと》の声《こえ》や音《おと》を
よく聞《き》くので…

集中力《しゅうちゅうりょく》がつく！

みんなで取《と》り組《く》むので…

チームワークが生《う》まれる！

得意《とくい》なこと，苦手《にがて》なことは…

おたがいにフォローし合《あ》う！

それぞれが個性《こせい》を認《みと》め合《あ》い…

コミュニケーション力《りょく》も
養《やしな》われるかも…。

協調性《きょうちょうせい》が生《う》まれる！

一人《ひとり》ひとり考《かんが》え方《かた》がちがうのは当《あ》たり前《まえ》です！
ちがうからこそおたがいの苦手《にがて》なことをフォローし合《あ》えるんじゃないかしら？
さて！
パン
みんなもちゃんと聞《き》いてた？
！！
カーテンのフリ
おくのほうにある何《なに》かのフリ
ピアノの上《うえ》のマリモのフリ
み…みんな！
い…いやぁ…。
天歩《てんぽ》が先生《せんせい》と音楽室《おんがくしつ》に入《はい》っていくのが見《み》えてさ…。
いたた…

この前《まえ》は ごめんね ヒビキちゃん…。
アタシのほうこそ ごめん…。
オ…オレは あやまら ねーぜ?
わかってるよ。それがロック なんでしょ?
へへ…!
フフ…!
なっかなっおり!
ウエ〜イ★
ちがうってば!! こう!
どーして そーなんの?
ゴキ
ゴキ
ダンスの練習中《れんしゅうちゅう》
??
ロック投《な》げ!
パ=ンッ
おお♪
ロックの練習中《れんしゅうちゅう》
ホントに 大丈夫《だいじょうぶ》かしら…。

ド
そしてフェス当日《とうじつ》!!
ン
ザザァン
カメフェス
わいわい
わいわい
たこ焼《や》
めベビー
ガヤ
ガヤ
大盛況《だいせいきょう》だねぇ!
そうだな…
…ム!
あれは…!
美糸《びいと》!
び…美糸《びいと》!
!
いつぞやは…その…!
???
すごい頭《あたま》ですね…
どこかでお会《あ》いしましたっけ?

……。
ズ～～ン…
ありゃしばらく引《ひ》きずりそうだねぇ…。
ムゴイ…
ご来場《らいじょう》のみなさま大変《たいへん》長《なが》らくお待《ま》たせいたしました。
ただいまよりスペシャルステージを開演《かいえん》いたします。
ホラ！あたいたちも行くよ！
ズズズズ…
みなの者《もの》！準備《じゅんび》はよいな？
今《いま》こそ練習《れんしゅう》の成果《せいか》を見《み》せてやるのぢゃ！
うん！
いざ出陣《しゅつじん》ぢゃ！
シャッ
ワァァァァ

コツコツ続《つづ》けることで…

この曲《きょく》を練習《れんしゅう》しよう！
うまくいかない…
できねー…
ズーン
気分転換《きぶんてんかん》しよう！
息抜《いきぬ》きも大事《だいじ》ですよ。
もう一度《いちど》チャレンジ！
みなぎった！
練習《れんしゅう》の成果《せいか》を出《だ》せた！

達成感《たっせいかん》を得《え》られる！

自信《じしん》にもつながるかも！

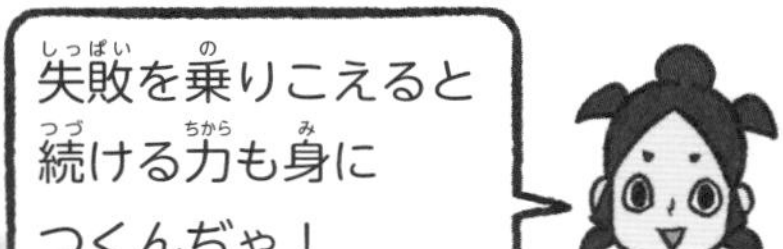
失敗《しっぱい》を乗《の》りこえると
続《つづ》ける力《ちから》も身《み》に
つくんぢゃ！

まちがえたとか
うまくできたとか…
実《じつ》を言《い》うと
演奏中《えんそうちゅう》のことは
あんまり覚《おぼ》えて
いないんだ…
覚《おぼ》えてるのは
夢中《むちゅう》になってる
みんなの姿《すがた》と…
みんなの笑顔《えがお》と…
ワァアアアアア
やりとげたっていう…
達成感《たっせいかん》!!

フェスの数日後《すうじつご》ー
ギュダダン
ピロ
ピロ
ピロリロ
ピロリロピロ
ストップ…と
ピロリロ♪
ピロリロ♪
センキュー！
パチ パチ
パチ…
アーッ！
バーン！
か…観客《かんきゃく》が増《ふ》えている…。
子《こ》どもと犬《いぬ》だけど…
ロクロー！何《なに》やってんのよ！
日課《にっか》のエアギターだよ！
よう！
なあ？天歩《てんぽ》！
ボクは知《し》らない…何《なに》も見《み》てない…。
ブツブツ

「好《す》き」をとことん追求《ついきゅう》すると…

楽器《がっき》が好《す》き！
人前《ひとまえ》で表現《ひょうげん》するのが好《す》き！
一人《ひとり》で作曲《さっきょく》してると楽《たの》しい！
踊《おど》っているときが幸《しあわ》せ！

自分《じぶん》のやりたいことがわかってくる！

やっぱり好《す》きなことを楽《たの》しくやるのがいちばん！
その気持《きも》ちを持《も》ち続《つづ》けよう。

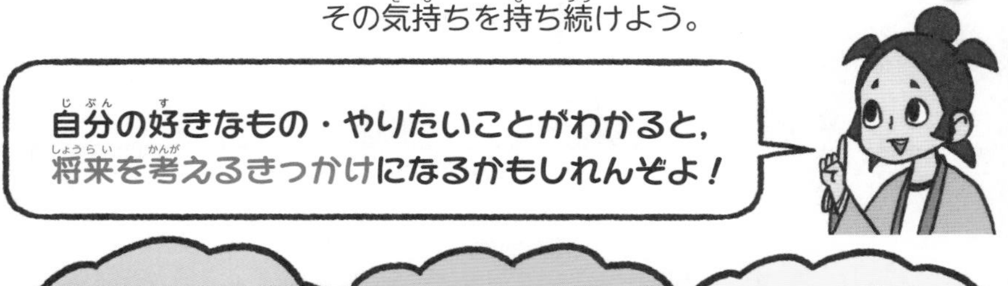
自分《じぶん》の好《す》きなもの・やりたいことがわかると，
将来《しょうらい》を考《かんが》えるきっかけになるかもしれんぞよ！

中学校《ちゅうがっこう》ではブラスバンドに入《はい》りたいな。
パソコンの使《つか》い方《かた》を勉強《べんきょう》したいな。
こんな仕事《しごと》をしてみたいな。
音楽《おんがく》プロデューサー

というわけでね。
まって〜
アン！
アン！
また歌詞《かし》を書《か》いたんだ〜。
へへっ！
すごいじゃなーい！
じゃあ私《わたし》が曲《きょく》をつけるね！
お兄《にい》ちゃんにたのんでネットにアップしてもらおっか！
またカメのとこでライブやろうぜ！
あ…そっか…。

さかのぼること
フェスでの
演奏直後《えんそうちょくご》…。
ワァァァァァァァァ
ボワッ
!
こ…
これは!?
モク
モク
新鮮《しんせん》な
音符《おんぷ》!?
ペカァ
!!
タマテBOX《ボックス》が!
パァァァァァァァ

開《あ》いたーっ！
パッカァ
中身《なかみ》は!?
秘宝《ひほう》!!
ゴン
ゴン
ボロッ……
こ…これが秘宝《ひほう》？
楽譜《がくふ》…？
私《わたし》が生《う》まれて初《はじ》めて演奏《えんそう》した曲《きょく》の楽譜《がくふ》です…。
この曲《きょく》に出合《であ》わなければ今《いま》の私《わたし》はなかったでしょう…。
力強《ちからづよ》く！
遠《とお》い昔《むかし》の話《はなし》ですが私《わたし》の宝物《たからもの》です。
休《やす》む
みなさんがひたむきに音楽《おんがく》と向《む》き合《あ》う姿《すがた》を見《み》て…
さいごまでひけたーっ!!
むずかしい！
もーヤダ！
あのころの気持《きも》ちを思《おも》い出《だ》すことができました…。

あんたたち！よくやってくれたね！
おかげで新曲《しんきょく》のインスピレーションをもらえたよ！
これでリュウグーンランドにも…
活気《かっき》が戻《もど》…っ！
ぐすっ
だあだあ…
よしよし…
そなたたちに出会《であ》えてよかった…。
最高《さいこう》の音楽仲間《おんがくなかま》ぢゃ！
みなの衆《しゅう》のことは忘《わす》れないのぢゃ！
どうもありがとーなのぢゃ！
さらばぢゃ…！
さらばぢゃ…
さらばぢゃ…
アー
アー
ザザアン…
その後《ご》、亀《かめ》の音楽教室《おんがくきょうしつ》が海岸《かいがん》に現《あらわ》れることはなかった…。

アー
アー
ザザァン…
なー天歩《てんぽ》ーっ。
駅前《えきまえ》にできた音楽教室《おんがくきょうしつ》に行《い》ってみよーぜー。
ボクはいそがしいの!
おうちで練習《れんしゅう》すればいいじゃないか。
家《いえ》じゃでけー音《おと》出《だ》せねーんだよ。
もっとロックに爆音《ばくおん》で奏《かな》でたいわけよ!
授業料《じゅぎょうりょう》はらえるの?
キリッ
いやぁ…まあそこは何《なん》とかなるんじゃねえかな…?
たぶん…
ズズズズ…
ん…?なんか音《おと》しねえか?
ゴゴゴ
ゴゴ…
す…する…!

海《うみ》の方《ほう》からだ…!
あれ…? この展開《てんかい》… どこかで…。
ゴゴゴゴゴゴゴ
ザパァ…
トプン…
ドッパアア
ま…まさか…。
このカメは…。
チャプゥ…
アー アー
お二人《ふたり》さん!
話《はなし》は聞《き》かせてもらったぞよ!

「亀《かめ》の音楽《おんがく》教室《きょうしつ》」このたびめでたくカムバックなのぢゃ！
ドドーン
かなで…！あれって…！
ウズメちゃん!?
先日《せんじつ》はありがとうございました。
フェスはリュウグーンランドでもそれはそれは大好評《だいこうひょう》でして…。
おかげで国《くに》に活気《かっき》が戻《もど》り…
リュウグーンランドより 生中継《なまちゅうけい》
ピッ
ブゥゥウン…
どんどん新曲《しんきょく》が生《う》まれています！

今日《きょう》はそのご報告《ほうこく》とお礼《れい》の品《しな》をお渡《わた》しに来《き》たのです。
ゴソゴソ
お礼《れい》の品《しな》?
これぢゃ!
プカーッ
タマテBOX《ボックス》ミニーっ!
おおーっ!
いらないよ!
え…?
ボクたちはごほうびのためにやったんじゃないし。それ以上《いじょう》にすてきなものをもらったじゃないか!
すてきな仲間《なかま》と…
すてきな音楽《おんがく》をさ!
オレはいるー!
ハイハイドーゾー
アタシもー!
私《わたし》も!
おやまあ。
わーっ!すてきーっ!
ホントだ!すてきーっ!
デショー?
ゆ…ゆかいな仲間《なかま》ぢゃ!
そうッスね…!
ふる
ふる
このあと、天歩《てんぽ》もちゃんともらったのぢゃ。

リュウグーンランドの伝《でん》統《とう》的《てき》な楽《がっ》器《き》ぢゃ！
とくとよろこべ！
って言《い》ってたけど…
どーやって使《つか》うんだ？コレ…
ち———ん…